林汉达写给孩子的中国历史故事

东汉卷

林汉达 著

黄 潇 编 毛微微 绘

CNS PUBLISHING & MEDIA 湖南文艺出版社 HUNAN LITERATURE AND ART PUBLISHING HOUSE

图书在版编目（CIP）数据

林汉达写给孩子的中国历史故事. 东汉卷 / 林汉达著；黄潇编. -- 长沙：湖南文艺出版社，2023.8

ISBN 978-7-5726-1036-3

Ⅰ. ①林… Ⅱ. ①林… ②黄… Ⅲ. ①中国历史—东汉时代—儿童读物 Ⅳ. ① K209

中国版本图书馆 CIP 数据核字（2023）第 032252 号

林汉达写给孩子的中国历史故事·东汉卷

LIN HANDA XIE GEI HAIZI DE ZHONGGUO LISHI GUSHI · DONGHANJUAN

作　　者：林汉达
编　　者：黄　潇
出 版 人：陈新文
监　　制：谭菁菁
责任编辑：徐小芳　刘　敏
产品经理：邓　云　钱怡羊
封面设计：水玉银文化 syyart@qq.com
内文排版：有识文化
出版发行：湖南文艺出版社
（长沙市雨花区东二环一段 508 号　邮编：410014）
印　　刷：长沙艺铖印刷包装有限公司
开　　本：710 mm × 1000 mm　1/16
印　　张：12
字　　数：167 千字
版　　次：2023 年 8 月第 1 版
印　　次：2023 年 8 月第 1 次印刷
书　　号：ISBN 978-7-5726-1036-3
定　　价：46.00 元

目录

乾封泉寶

绿林好汉

公元9年，汉朝的大臣王莽改汉朝为新朝，自己做了皇帝。他一心要把汉朝的制度进行改革。怎么改呐？照他的想法，以前的周朝就比秦汉好，他要按照古代的办法改革一番。这就奇了怪了，改革，一般总是向前看，把旧的改为新的，使社会越来越进步，那才是道理，哪能往后倒退呐？王莽可不管社会的发展和老百姓的需要，一心要恢复古代的制度。这哪儿能不失败呐？

王莽复古改制的其中一件大事是把天下的田地改为“王田”，归朝廷所有，不准私人买卖；还叫田多的富户把多余的田交给无田的人去种。这就引起了豪门、地主、贵族的反对。王莽把“王田”一下子交给农民去种，可农民一向受着沉重的剥削，他们没有农具，没有牲口，没有本钱，怎么能把硬派给他们的“王田”种好呐？结果，农业生产还不如以前了。王莽只好又下一道命令：“王田”又可以买

新莽铜诏版

王田

王田制度是王莽改制的重要内容。根据《汉书·食货志》记载，王莽于公元9年颁布了一道著名的诏令："今更名天下田曰王田，奴婢曰私属，皆不得卖买。"试图废除土地私有制，实行土地国有，并以孟子提出的一夫一妇授田百亩的井田制标准授田。后来因为遭普遍抵制，王田制无法推行，被迫废除。

卖了。他自己打自己的嘴巴，弄得威信扫地。国内人心不安，生产受到损失。

王莽还想显显自己的本事，显显新朝的威力，就招募了三十万人马去打匈奴。名义上是招募，实际上是拉夫（强迫做工）。为了打仗，还得向老百姓征军粮、征牲口。谁要是稍慢一步，就拿来办罪，动不动就处死刑或者没收为官奴。老百姓给闹得实在没法活，只有起来反抗。这么着，天下就大乱了。

西北边境五原（在内蒙古西部）、代郡（在河北西北部）接近匈奴这一带的老百姓，捐税和官差的负担特别重。他们活不下去，首先就造了反。接着，东方和南方也都有大批农民起来反抗官府。

公元17年，荆州（湖北中南部一带）闹饥荒，野菜都挖光了。有人在城外挖到了一些野荸荠（bíqi），消息一传开，人们成群结队地都赶到那边去了。开头还各挖各的，后来互相争夺地界，就打起架来。有几个老年人出来劝架，反倒挨了几拳。他们赶紧请出两个人来调解。

这两个人都是新市（在湖北京山）人，一个叫王匡，一个叫王凤。他们在当地农民当中威信很高，谁都乐意听他们的。他俩一露面，大伙儿都安静了，围了上来，那些打架的人也住了手，请他们评个理儿。

王凤维持秩序，王匡给打架的人调解。王匡站在土岗子上，挥着手，提高了嗓门儿对大伙儿说："乡亲们，为了挖这么一点儿野荸荠，自个儿跟自个儿打架，太不值了。就靠这点儿东西，今儿填了肚子，明儿怎么办呐？咱们还是合计合计，找条活路才好哇！"

大伙儿嚷着说："对呀！找条活路才好哇！"有的说："王大哥，您说吧，咱们听您的！"王匡接着说："是谁害得咱们没有饭吃？是谁把咱们的粮食全搜刮去了？就是那些做官的狗东西！只要咱们心齐，官府也不用怕。打开粮仓，就有饭吃，大伙儿说对不对？"

"对呀！打开粮仓，就有饭吃！干吧！"他们就公推王匡、王凤为首领，一下子就有好几百人愿意跟他们干。一场农民起义就这么闹起来了。这支农民起义军在王匡、王凤的带领下，抢了一些粮食，占领了一个叫绿林山（在湖北京山）的山头。打这儿起，他们上打官府，下打恶霸，劫富救贫，除暴安良，没几个月工夫，队伍就有了七八千人。后世的人就称他们为“绿林好汉”。绿林好汉打出了名，南方的另外几支农民起义军，像南郡的张霸、江夏（在湖北武汉）的羊牧，各有一万来人，也都和他们互相联络，彼此接应，声势就更大了。

南郡

战国时期秦昭王在现湖北荆州一带设置南郡。楚汉之际项羽在南郡立临江王，南郡即为临江国。西汉汉高祖灭临江国后重设南郡。之后历代南郡的名称、管辖范围多有变化。

农民起义的消息传到了长安，王莽忙召集大臣们，问他们怎么办。大臣当中奉承王莽的人多，他们说：“皇上不必操心，这些人既然活得不耐烦，发动大军去把他们剿灭，不就结了吗？”王莽理着胡子，点点头。可有个将军站出来说：“这不行啊，千万不能发兵去打老百姓！”王莽一看，原来是左将军公孙禄，就皱着眉头问他：“为什么不行？”

公孙禄说：“大臣当中有不少人报喜不报忧，所以下情不能上达。他们有意蒙蔽皇上，有的乱划田地，叫农民没法耕种；有的不顾老百姓的痛苦，只知道加重捐税。百姓造反，罪在官吏。只要皇上惩办这些贪污的官吏，向天下赔不是，再派贤良的大臣去安抚百姓，国内就能够安定下来。还有，进攻匈奴的军队应当赶快撤回来，再跟匈奴讲和。从今天的形势看来，叫人忧虑的不是塞外的匈奴，而在中原！”

王莽只准别人顺着他说话，公孙禄这样顶撞他，他一听就有气。他叫卫士们把公孙禄轰了出去。接着，他下了命令，吩咐荆州的长官快去剿灭绿林军。荆州的长官不敢怠慢，马上召集了两万官兵，浩浩荡荡杀向绿林。

绿林的首领们立刻带领着弟兄们迎了上去。跟大队的官兵交战，他们还是第一次。官兵一向欺压老百姓，想打就打，想杀就杀，反正他们手里有刀，老百姓没有刀。没想到，绿林好汉跟他们拼起命来，越打越精神。官兵招架不住，开头还慢慢地后退，后来连滚带爬，四散逃跑，死伤了好几千人。兵器和粮草扔得沿路都是。

王匡、王凤趁机带着大家伙儿攻进竟陵（在湖北潜江西北）、安陆（在湖北安陆）两个城。绿林军打开监狱，放出囚犯；打开粮仓，把粮食分了一些给城里的贫民，剩下的大部分都搬上了绿林山。他们回到绿林，一清点，人数增加到五万多。王匡和王凤就合计着，要再打些大仗，给王莽厉害瞧瞧。

想不到第二年（公元 22 年），绿林一带发生了

知识驿站

西汉末期的社会危机

西汉后期，统治集团日益腐朽，社会矛盾愈来愈紧张尖锐。政府的苛捐杂税和地主阶级的疯狂兼并使土地无限制地集中，农民大量破产成为奴隶。陷入绝境的农民在各地纷纷开展武装反抗。统治阶级害怕农民大起义，曾经提出过一些办法，但是都不能解决根本问题。

盐铁私营权

皇帝和上下层豪强都不愿意放弃自身利益，让步于百姓，只是试图在已有基础上提出一些改良的办法。汉昭帝时期，有儒生代表下层豪强争论说如果盐铁私营，朝廷放弃盐铁业，天下就会太平。某些儒生甚至要求皇帝退位，让别的贤人来做皇帝。这些改革的诉求其实还是从中小地主奴隶主的利益出发的，无法解决社会底层百姓的困局。

限田、限奴隶

汉哀帝时，为了缓和土地兼并和大批农民沦为奴隶的局面，师丹、孔光等少数大臣主张限田、限奴隶，对公卿以至豪富占田数量进行限制。规定贵族、官吏、地主等占田不得超过三十顷。因遭权贵反对，哀帝本人又赐予宠臣董贤二千顷田，限田的诏令显然成了一纸空文。限田、限奴隶的做法谋求调整上下层豪强的利益分配，以期解决社会矛盾，但这一调整反倒加剧了对农民的压迫与剥削。

制盐画像砖

崩溃的边缘

作为统治阶级代表的皇帝，既不能放弃盐铁大利，也不能带头限田限奴隶，又必须取得上下层豪强的拥护，只好放纵他们对农民进行无限制的掠夺来缓和统治阶级内部的矛盾。同时求天求鬼神，改年号改帝号，企图用迷信手段来欺骗劳动人民。这些办法，促使各种矛盾更加紧张起来，皇帝完全陷在绝望的困境里，西汉的命运已经到了崩溃的边缘。

疫病，一天当中就死了几百人，两个月下来，五万人死了快一半。王匡、王凤看着待不下去了，只好把其余的人分成几路，离开了绿林山。其中一路占领了南阳（在河南南部），称为“新市兵”；一路占领了南郡，称为“下江兵”；一路占领了平林（在湖北随州东北），称为“平林兵”。这三路起义军，还是统称“绿林军”。

平林有个避难的原汉室贵族子弟，叫刘玄。王莽篡位以后，他隐姓埋名，藏在了他姥姥家。这会儿他听说农民们起来反抗官府了，想着自己这么躲躲藏藏，总不是个事，就投奔了绿林的“平林兵”，还当了一名首领。

这时候，不光是荆州一个地方，东方、西北、北方的老百姓也纷纷起义，弄得王莽应付不了啦。

刘玄

西汉宗室，汉光武帝刘秀的族兄。公元23年，绿林军义军众多，无法统一，商议决定立西汉宗室、将军刘玄为天子，年号“更始”。更始政权最初在宛城建都，王莽被杀后移都洛阳，后又迁都长安。刘玄贪图享受，日夜饮宴，更始政权日益腐败，内部分裂。赤眉起义军入关，刘玄的军队大败，刘玄归降赤眉，更始政权至此告终，刘玄最后被赤眉将领谢禄缢杀。

成语讲堂

绿林好汉

含　义　指聚集山林反抗封建统治阶级的人们。也指聚众行劫的群盗股匪。

近义词　草头天子

原　文　（施世伦）收了无数的绿林好汉，查拿海寇。（清·文康《儿女英雄传》第二一回）

译　文　（施世伦）招收了无数的绿林好汉，搜查捕拿海寇。

例　句　《水浒传》里，鲁智深等人除暴安良、劫富济贫，都是绿林好汉。

赤眉起义

东方的琅邪（yá）郡海曲县（在山东日照）有个公差，叫吕育。他没依着县官的命令去打那些交不出捐税的穷哥们儿。县长就硬说他勾结刁民，反抗官府，把他办成死罪，杀了。这就激起了公愤。吕育的妈妈挺有魄力，她拿出家产，召集了一百多个穷苦农民，要替她儿子报仇。她在家乡造了一个高台，把大家聚在一起，然后攻进县城，杀了那个县官。官军赶来镇压，她又带着手下人来到黄海的一个小岛上，占据在那里，瞅着机会就上岸去攻打官府，打开监狱，打开粮仓。等到大队的官兵调到那儿的时候，他们早就回到小岛上了。吕妈妈的名声越来越大，没过多少日子，跟着吕妈妈的就有了一万多人。吕母是中国历史上最早的一个起义女头领，后来人们把她起义的那个高台，就叫“吕母崮”。

第二年（公元18年），莒县（在山东；莒jǔ）

又出现了一支农民起义军，首领名叫樊崇。莒县官兵多，防守严，樊崇他们没能打进去。他们就以泰山为根据地，在青州和徐州之间来回打击官府。不到一年工夫，各地投奔樊崇的就有一万多人。后来，吕妈妈害病死了，她手下的一万多人都上了泰山，归附樊崇。这支起义军的声势也大了起来。

樊崇的起义军越闹越强，让王莽几年都过不安生。王莽就派大将景尚带兵去围剿，没想到打了个大败仗，连景尚也叫起义军给杀了。

王莽得到消息，眼睛往上一翻，差点儿背过气去。他对太师王匡（和绿林起义军的首领王匡是同名同姓的另一个人）说："荆州的盗贼还没消灭，琅邪的盗贼又起来了，不给他们点儿严厉的，那还了得！"太师王匡说："只要集中兵马，先打一头，

泰山

为五岳中的东岳，在今山东泰安，也可以称为"岱宗""岱山""岱岳""泰岳"。泰山被誉为"五岳独尊"，拥有约五千年的文化积淀，历代帝王及文人墨客在泰山留下了众多文物古迹和诗文华章，独特的封禅文化，秦刻石、经石峪、唐摩崖等历史石刻，秦松、汉柏、唐槐等古树名木，构成了有"东方文化缩影"之称的泰山，是中国首例世界文化与自然双重遗产。

看他们活得了活不了。”王莽很赞成先打一头的打法，他说：“好，你先去剿灭琅邪的盗贼。要多带兵马，两万不够，五万，五万不够，十万。”他就派太师王匡亲自出马，再派更始将军廉丹当副手，率领十万大军，浩浩荡荡地去围剿樊崇的起义军。

樊崇他们听到了风声，也做好了准备，打算跟官兵大战一场。他们怕打起仗来，人马混杂，自己人不认识自己人，就想了一个办法，叫起义的士兵都在眉毛上涂上红颜色，一来作为记号，二来也好显出起义军的威严，吓唬敌人。为了这个缘故，这支东方起义军就得了个外号，叫“赤眉”。

赤眉军只是反抗官府，不伤害老百姓。他们立了两条公约：第一条，杀害老百姓的定死罪；第二条，打伤老百姓的受责打。赤眉军将士很守纪律，他们到了哪儿，哪儿的老百姓都欢迎。太师王匡和更始将军廉丹的官兵正好相反，他们别的本领没有，欺压老百姓可到了家了。他们沿路奸淫掳掠，无恶不作。老百姓恨他们，编了顺口溜说：

宁可碰到赤眉，
不要碰到太师；
碰到太师已经糟糕，
碰到更始性命难保。

赤眉兵打仗不怕死，纪律又好，老百姓向着他们。这么一来，他们的人数比官兵少，武器差，力量可比官兵大。开头的时候，廉丹还占上风，打了几次胜仗，往后越打越不行。他们跟赤眉军在须昌（在山东东平）大战一场。太师王匡亲自出马，想一下子消灭对手。可他做梦也没想到，涂着红眉毛的庄稼人还敢跟他对敌，竟把官兵团团包围住了。官兵不愿意为王莽拼命，赤眉军可是拼着命攻上来的。

樊崇是个大力士，枪头"突突突"地对着太师王匡直扎过来，猛极了。太师王匡举起大刀朝樊崇的肩膀横劈过去，樊崇用枪只一架，就震得他双手发麻。他心想："哎呀，这么厉害！"拉转马头就往回逃。樊崇的枪头"突突突"地又直逼过来，太师王匡的大腿上被扎了一枪。樊崇拔出枪来，准备再扎过去，太师王匡仗着马快，一眨巴眼儿跑远了。更始将军廉丹好不容易杀出重围，又碰上了另一支农民军，末了死在了乱军之中。

十万官兵，逃了太师，死了大将，没了发号施令的将官，还卖什么命啊？有人一带头，官军乱哄哄地散了一大半，还有的干脆投降了赤眉军。这一仗，赤眉军越打越强，人数一下子增加到十多万了。

兵荒马乱且不说，还到处都闹饥荒，关东又

有不少人活活地饿死了。逃荒的，逃难的，到处都是。听说京城长安有粮食，难民一批一批地往关中拥过去。守关的没法拦阻，慌忙往上报，说进关的难民有几十万。王莽只好下令开仓发粮，派官吏去救济难民。可是官吏们层层克扣，粮食哪会到得了难民嘴里呐？难民成千上万地饿死，长安街上每天都有路倒的。

消息传到王莽的耳朵里，他就把管理长安市政的王业叫来，问他："听说有几十万难民进了关，我马上下令开仓救济。怎么到了今天，听说还有人饿死。这是怎么回事？你是管理京城的朝廷命官，知道不知道？"王业心里早有了底儿，他不慌不忙地说："这些人都是流氓，不是真正的难民。"他拿了些从菜馆子里买来的米饭和肉羹（gēng）给王莽看，对王莽说："这是他们吃的东西，不太坏吧！"

王莽不相信，吩咐左右再拿些难民的伙食让他看个清楚。这管什么用啊，底下的人早布置好了，叫他不能不信。他叹了一口气，说："这些人吃得这么好，怎么能是难民呐？"经过了这样一番"调查"，他放了心，就派使者分头去催促各路官兵加紧围剿，一定要消灭绿林军和赤眉军。

绿林军在荆州，赤眉军在东海，打败了王莽的

羹

通常指用蒸、煮等方法做成的糊状食物，例如肉羹、鸡蛋羹等。根据《说文解字》"五味和羹"，羹的本义是指用肉或菜调和五味做成的带汁的食物。

两路大军。别的地方的起义农民听到消息，都来了劲儿，更加活跃起来，单是黄河两岸，就有大小起义军几十路。其中声势最大的，要数河北的铜马军（铜马，地名，在河北巨鹿）。可是这些地方的起义军彼此没有联络，都自个儿打自个儿的。虽然人数不少，可成不了大气候。

在农民纷纷造反的当儿，有好些地方的大族人家、地主豪强，还有汉朝皇家的后代，也起来反对王莽了。这些人有势力，号召力也大，后来倒成了大气候。其中，在南阳的舂陵县（舂 chōng），有一家刘家宗室的子孙，发动起来以后，很快就扩大了势力。

铜马军

新莽末年，大彤、高湖、重连、五校等数十支农民起义军活动于河北地区，铜马军是其中最大的一支，首领为东山荒秃、上淮况等。河北地区的农民起义军活动分散，没有形成统一力量，后来被汉光武帝分化瓦解，各个击破。公元 24 年，铜马军兵败后投降刘秀，有数十万众被收编，刘秀因此又被称为“铜马皇帝”。

知识驿站

王莽改制及其失败

王莽是汉元帝皇后王政君的侄子，王家势力显赫，朝廷中重要官吏和许多刺史、郡守，都出于王氏门下。并且相比于其他贵族官僚的胡作非为，王莽虚心好学，疏散家财，在朝堂中赢得了极高的声誉。王莽执政掌权后，因此也得到了相当一部分贵族、官僚、地主及知识分子的拥护。在公元9年，王莽自立为皇帝，改国号为“新”。

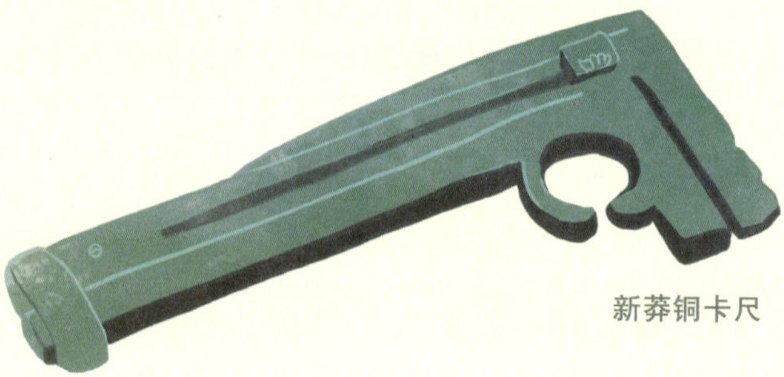

新莽铜卡尺

王莽改制

王莽掌权后，为缓和尖锐的阶级矛盾，颁发诏令，进行改制。王莽改制的措施集中在当时重大的社会问题，如针对土地高度集中和农民大量沦为奴隶问题而实行“王田”“私属”制，将土地收归国有来平均分配土地，禁止民间奴隶买卖，将奴隶改为私属，以缓和土地兼并和农民奴隶化的过程；施行“五均六筦”，限制豪民富商的高利贷盘剥等。这些看似追求社会公平的经济政策改革却使得社会经济日益恶化，底层百姓的境况越发悲惨。

触及地主阶级的利益

改制失败的重要原因是触及了大地主、大商人的利益。如“王田制”施行后，地主官僚因“买卖田宅”获罪者不可胜数。原来拥护王莽的贵族地主反对改制甚至转而反对王莽的统治，更有甚者暗中招兵买马，准备起兵反莽。

制度弊病

制度本身也有颇多弊病，如“王田制”违反了经济规律，难以落到实处，反而给社会经济造成很大的负担。加之王莽所任非人，任用富商大贾如薛子仲、张长叔等为改制的经济官，执掌“五均六筦”的大权。他们与地方官勾结，借机鱼肉百姓，中饱私囊。王莽改制不仅没有挽救社会危机，反而加剧了矛盾，终于导致了农民大起义。

成语讲堂

迫不得已

含　义　由于形势所迫，不得不如此。

反义词　心甘情愿

近义词　无可奈何

原　文　迫不得已，然后受诏。(《汉书·王莽传上》)

译　文　（王莽）被逼迫得没有办法，才接受皇帝的诏命。

例　句　古时候老百姓起义，大多是迫不得已。

刘氏举兵

南阳春陵县住着汉朝的一个远房宗室，叫刘钦。按辈分，他是汉高祖刘邦的八世孙。他有三个儿子，老大叫刘縯（yǎn），老二叫刘仲，老三叫刘秀，不用说，都是汉高祖的九世孙了。他们一直痛恨王莽篡位，老想恢复刘家汉朝的天下。大哥刘縯性情刚强，敢说敢做；小兄弟刘秀生性谨慎，性格沉稳。刘縯老讽刺弟弟刘秀，笑他没有多大出息。刘秀听了也无所谓，他觉得要成大事，非得跟那些当官的交往一下。长大以后，他就到了长安，进了太学，拜了老师，结识了一些名人。后来从太学回来，他做起粮食买卖，成了个大商人。

有一天，刘秀运谷子到宛县（在河南南阳）去卖，在街上碰到了好朋友李通和李轶（yì）。李通和李轶把刘秀请到家里，跟他说："现在四方乱糟糟的，王莽眼看着不行了，咱们南阳地方就数你们哥儿俩最能干，你们又是大汉宗室，何不趁此机会，

宗室

最初指同一宗族之人，后专指皇帝的宗族，即皇族。到了清代，皇族按血缘的亲疏，分为宗室和觉罗，太祖努尔哈赤父亲塔克世的直系子孙都称为宗室。清代以黄册为宗室玉牒，红册为觉罗玉牒，清代玉牒是我国目前保存得最完整的皇室宗族族谱。

召集人马，夺取天下，也好恢复汉室啊。”刘秀一听，正合了自己的心愿。三个人谈得挺对劲儿，就约定在南阳发兵起义。

李通在宛县很有势力，他一发动，召集几百个人并不困难。李轶就叫李通留在宛县，自己跟着刘秀到舂陵去见刘縯。

刘縯听他俩一说，哪有不赞成的呐？有了李通和李轶两人做助手，他就召集了一百来个豪强，都是他的好朋友。刘縯对他们说：“王莽暴虐，老百姓都起兵了。这是叫新朝灭亡的时候，也是我们平定天下，恢复高帝事业的时候了。”大伙儿都很赞成，马上分头到附近的各县去发动自己的亲戚朋友一同起兵。

刘縯自己在舂陵公开号召南阳豪强们起兵反抗王莽。开始有几家害怕了，有的干脆躲着他，说：“造反可不是闹着玩儿的。跟着刘縯莽里莽撞地出去，豁出一条命还是小事，弄不好了还得灭门呐！”可是后来他们瞧见那个一向小心谨慎的刘秀也穿上军装，拿着刀，什么都不怕的样子，也不由得改变了主意。就这样，一下子来了七八千人，就等着李通那一边的人到这儿来会齐了。

等了几天，李通那边还没有人来，刘縯只好派

太学

中国古代的大学。周代为王公贵族子弟设置的学府称为太学。八岁入小学，十五岁入大学，束发受教，学习成年人各种礼仪。西汉时，太学为最高学府，汉武帝采纳董仲舒的建议，以博士为师，传授儒家经典，教导官僚人才。东汉沿置，质帝时在学太学生多达三万。“熹平石经”是中国历史上最早的官定儒家经本，石经原立于洛阳太学讲堂前。

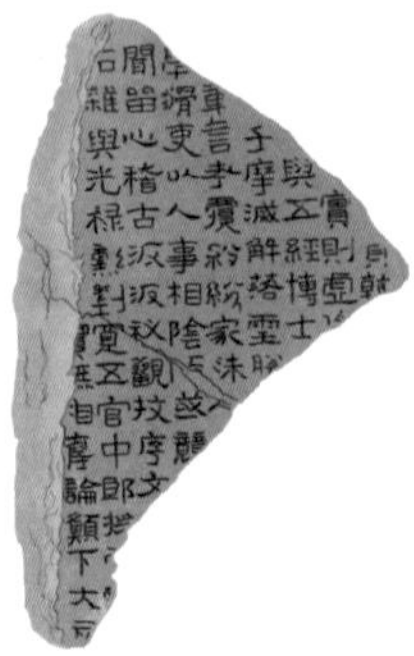

『熹平石经』残石

人去打听。派去的那个人到了宛县城里，在大街上就听见有人嘁嘁喳喳地议论。他挤在中间探问了一下，才知道李通还没发动就被官府发觉了。李通逃了，李家一门来不及逃的全都给抓了去，一共死了六十四个人。

李通那一头吹了，刘縯这儿只有七八千人，成不了大事。正好绿林军的新市兵和平林兵到了南阳，刘縯就派人去见新市兵的首领王凤和平林兵的首领陈牧，劝他们共同行动，一起去进攻长聚（地名）。王凤他们同意了。这么着，南阳的人马就跟绿林军合伙，三路人马联合起来往西打去，这第一仗，旗开得胜，长聚打下来了。接着，他们又打下了棘阳（在河南新野东北），就把军队驻扎下来。

刘縯又打算进攻宛县，半道上碰上了王莽的大将甄阜和梁丘赐的大军。刘縯他们都是步兵，连刀枪也不齐全，简直没法对打。这第二仗，南阳兵败了，还败得挺惨，只得退到棘阳，守在那儿。甄阜和梁丘赐不肯放松，他们把粮食和军用物资留在蓝乡（河南泌阳；泌 bì），率领着十万大军过了沘水（泌阳河；沘 bǐ），把桥都毁了，还放出话来说，不消灭“绿林盗贼”，决不回头。

新市兵和平林兵的两个首领来见刘縯和刘秀。

他们说："甄阜和梁丘赐有十万兵马，叫咱们怎么抵挡得了？还不如扔了棘阳，暂时退到别处去吧！"刘縯嘴上叫他们不要怕，心里可也挺着急的。正在为难的时候，忽然进来一个人，说："下江兵到了宜秋（在河南唐河东南）。大家联合起来，一定能够打败敌人。"刘縯哥儿俩一看，原来是李通。刘秀高兴地说："这就好了！你怎么到了这儿？"李通说："我从家里逃出来，四处奔波。听说你们在这儿很为难，棘阳也许守不住，刚巧下江兵到了宜秋，我才赶来报信。下江兵的首领王常挺了不起，你们去请他帮助，他准肯出力。"

刘縯高兴极了，马上带着刘秀和李通，亲自跑到宜秋去见王常。刘縯跟他说明两路人马联合起来的好处。王常挺痛快地说："王莽已经失了民心，打他没说的。现在你们起事，我愿意做个助手。"刘縯说："如果大事成功了，难道我刘家会独享富贵吗？"刘縯跟王常当下就订了盟约。王常送走了刘縯他们，回来就把这件事跟另外两个首领成丹和张卬（áng）说了一遍。成丹和张卬不大同意，说："大丈夫起兵，就该自己做主，何必去依靠别人，受人家的节制？"可是，他们一向佩服王常，王常愿意联合，他们最后还是听了他的话。打这儿起，农民起义军跟刘縯、刘秀他们就合在一起了。

王常、成丹、张印他们带着下江兵赶到棘阳，跟南阳兵、新市兵、平林兵会合在一起，就要跟甄阜他们干一场。刘縯跟各路将士订了盟约，大摆酒席，先让大家休息三天。到了年末那天，刘縯提出他的作战计划，说就在当天晚上先去袭击蓝乡，断了官兵的粮草。

把守蓝乡的官兵怎么也不会想到蓝乡会遭到袭击，他们大吃大喝地过除夕，大伙儿都醉了，睡得死死的。半夜里，人家已经偷偷地到了跟前，他们还没醒，怎么还能抵抗呐？四路起义人马杀散了蓝乡的士兵，把甄阜、梁丘赐留在那儿的粮草能搬的都搬到棘阳去，来不及搬的，放一把火，全都烧了。

第二天就是元旦，起义军又去进攻沘水。沘水那边，甄阜和梁丘赐听说丢了蓝乡，早就慌了神儿，想不到起义军这么快已经到了跟前。大伙儿手忙脚乱地抵挡了一阵，死的死，逃的逃，甄阜和梁丘赐都被杀了，士兵损失了两万多。王莽另一路大军赶来救援，也被打得一败涂地。起义军趁势把宛县团团围住。

这时候，四路人马合起来已经有十多万人，该有个最高首领，才能够统一号令。四路起义军的首

知识驿站

古文经学与今文经学

西汉时期的古文经学与今文经学之争是儒家内部争夺正统的斗争，虽然两家一直争论不休、互相辩难，但对于汉代的学术发展有一定的促进作用。

今文经

今文经指汉初由儒生口传，并用西汉当时流行的隶书记录下来的经籍。汉武帝采纳董仲舒的建议，独尊儒术，设立太学及地方学校，学习儒家经典。汉武帝所尊崇的儒术，就是儒家的今文经学学派。今文经学在西汉一直是官方学说，深受统治者的重视，十分盛行。

古文经

古文经指汉代前期从民间征集或孔子故宅壁中所发现的用古文写成的儒家经典。儒学发展的同时，也掀起了搜集、整理书籍的潮流。传授古文经的学说叫古文经学。

古文经学与今文经学不仅仅是书写文字的不同，它们传授的方法和对经义的解释也不同，因而形成了不同的思想体系和学术派别。

托古改制

王莽执掌政权后，将当时的大学者刘歆（xīn）召回朝中，刘歆大力提倡古文经学，为王莽代汉制造理论根据。王莽就以古文经中的《周礼》作为托古改制的依据。因此，古文经得到王莽的大力支持，古文经学就在王莽、刘歆的扶植下取得了合法的地位。

古文经学派与今文经学派两家各立门户，是统治阶级争权夺利的一种表现。但在歌颂先王先圣、美化古代社会政治制度、为封建统治阶级政治服务等问题上还是一致的。

领们这就商量开了。贵族出身的一些将士利用农民的正统观念，提出了一个口号，叫“人心思汉”，就是人们思念汉朝的意思。他们说：“人心思汉，已经不是一天两天了。必须立个姓刘的人做皇帝，才符合人们的愿望，才能号召天下。”可是军队里姓刘的人多着呐，立哪一个好呐？南阳兵和下江兵的首领王常主张立刘縯。可是新市兵和平林兵的首领不愿意，他们怕刘縯的势力太大，主张立没有实权的刘玄，连下江兵的张卬也同意。最后，立刘玄这一派占了多数。

刘縯心里不服气，可他的兵力不够，只好绕着弯儿反对。他说：“诸君要立汉朝的后代，我们刘家的子孙万分感激。现在赤眉军也有十多万人在青州和徐州，要是他们听到南阳立了个宗室做皇帝，他们也立个宗室做皇帝，那怎么办呐？王莽还没消灭，宗室跟宗室倒先对立起来，叫天下人怀疑，又削弱了自己的力量。咱们不如先立个王。有了王，也可以统一号令了。如果赤眉军立了个贤明的天子，咱们就去归附他，他决不会废去咱们的爵位。要是他们没立，咱们先消灭了王莽，再回到东边去收服赤眉军。到那时候再立天子，也不晚呐。”

听刘縯这么一说，别人谁也不吭声。只有张卬

登基

古代帝王即位称为登基。《后汉书·安帝纪》记载了安帝即位的程序：安葬先帝后，群臣脱去丧服，穿上吉服参加新皇帝即位典礼。

拔出宝剑来往地上一剁，大声地说：“三心二意的，不能成大事。今天已经这么决定了，不应该再有第二句话！”刘縯不敢再反对。这么着，当时就决定立刘玄为皇帝。

公元 23 年初春，在淯水（河南白河）举行了皇帝登基仪式，改元为“更始”。更始皇帝刘玄拜王匡、王凤为“上公”，朱鲔（wěi）为“大司马”，刘縯为“大司徒”，陈牧为“大司空”（大司马、大司徒、大司空就是以前的太尉、丞相、御史大夫，总称“三公”，三公之上还有个名位更高、没有实权的“上公”），刘秀为“太常偏将军”，其余的将士各有各的职位。打这儿起，绿林起义军就称为“汉军”。汉军的大权掌握在新市和平林将士们的手里，这让舂陵的刘家军很失望，他们表面上不说什么，心里已另有打算了。

改元

新皇帝即位时颁布年号称为“建元”，皇帝即位时或在位期间改换年号称为“改元”。明清以前，皇帝在位期间中途更改年号是常事，汉武帝、唐高宗、武则天等都曾改元十多次。中国古代部分钱币也曾以皇帝年号来命名，称为“年号钱”，如唐高宗时期的“乾封泉宝”，就是以唐高宗第五个年号“乾封”来命名的。

乾封泉宝

成语讲堂

同心协力

含　义　心：思想；协：合。思想一致，共同努力。

反义词　同室操戈

近义词　齐心协力

原　文　然后与宇文行台，同心协力，电讨不庭，则桓文之勋，复兴于兹日矣。（《周书·崔谦传》）

译　文　然后和宇文行台同心协力，以强兵讨伐反叛者，这样齐桓公、晋文公的功勋，又会在今天重现。

例　句　面对这样的挑战，我们只有同心协力，才能渡过难关。

昆阳大战

更始皇帝刘玄派王凤、王常、刘秀他们去进攻昆阳（在河南叶县），派刘缜再去围攻宛县。镇守宛县的将军叫岑彭（岑 cén），十分厉害，刘缜一时间没法儿打进去。昆阳兵力薄弱，很快就被王凤、王常、刘秀他们打下来了。接着，他们又打下了邻近的定陵（在河南漯河）和郾城（在河南漯河）两个县。

王莽听说汉军立刘玄为皇帝，又打下了昆阳，围攻宛县，急得坐也不是，站也不是，可还装出满不在乎的样子。就在这么紧急的时候，他还搜罗天下美女，娶了个小姑娘做皇后。王莽已经六十八岁了，头发、胡子全都白了。他把头发和胡子染黑，又做了新郎，还在搜罗来的美女当中挑选不少人做妃子。后宫的大事办完了，他才派司徒王寻和司空王邑去各地征调兵马，到洛阳会齐，先去平定昆阳这一头。王寻、王邑集合了四十二万人马，号称

昆阳

昆阳是刘秀逐鹿中原昆阳之战的古战场。战国时期是魏国城邑，秦代置昆阳县，属颍川郡。公元23年，刘秀歼灭王莽主力军于此，两汉时期昆阳县仍属颍川郡。

一百万，浩浩荡荡直奔昆阳。

守昆阳的汉军将士站在北门的城门楼上往远处一望，只见没完没了的全是王莽的军队，有的人害怕了，准备散伙逃走。刘秀对他们说："这是最紧要的关头，必须顶得住。咱们兵少粮少，全靠同心协力才行，要是见了敌人就散伙，那就什么都完了。大丈夫，英雄汉，万万不能灭自己的志气。"他把怎么到外面去调军队，怎么布阵怎么打，跟大伙儿说了一遍。将士们这才安定下来，愿意听他的指挥。昆阳城里当时只有八九千人，王寻、王邑的头一批人马就有十万。刘秀请王凤和王常只守不战。自己带着李轶他们十三个人骑上快马，趁着黑夜冲出南门，往定陵和郾城去调兵。他知道，昆阳城虽然不大，城墙可又高又结实，王寻、王邑一时打不进去。

这时候，刘缜已经把宛县打下来了，岑彭也投降过来，可刘秀还没得到信儿。他到了定陵和郾城，说要把这两个地方的兵马都调到昆阳去，暂时放弃这两个城。将士们一听，好多人可不大愿意。刘秀就对他们说："现在咱们到昆阳去，把所有的人马都用上，等打败了敌人，就可以立大功，成大事。要是让敌人打过来，咱们打了败仗，连命都保

刘缜

东汉光武帝刘秀的长兄。绿林起义爆发，刘缜与刘秀率宾客子弟七八千人起兵舂陵，自称"柱天都部"。绿林军拥立刘玄为更始皇帝后，拜刘缜为大司徒，封汉信侯。因为接连攻下新野、宛城，在军中很有威望。刘缜被皇帝刘玄以抗拒成命、部众不服调遣为由杀害，后被追谥为齐武王。

不住啦！大丈夫做事，得站得高、看得远才行。”为了鼓舞士气，他虽然还没得到刘缜那边的信儿，却故意说：“宛县已经打下了，大司徒的大军就快到了，你们还怕什么呐？”将士们这才勇气倍增，放弃了定陵和郾城，跟着刘秀直奔昆阳。

刘秀自己带着步兵和骑兵一千多人做先锋。到了离王寻、王邑的大营四五里的地方，他们布置了阵势。王寻和王邑出来一瞧，才这么一丁点儿人，就只派了几千士兵去对阵。刘秀骑着马，走在最前面。他看见敌军过来了，突然冲了过去，一连杀了几个敌兵。将士们见了，高兴得直蹦，来了劲头。他们说：“刘将军先前碰到小队的敌人，好像胆儿挺小似的，今儿见了强大的敌人，就这么勇敢，真怪！他还打头阵呐！来呀，咱们大伙儿冲啊！”说着就杀了上去。

这一来，汉兵一个抵得上敌人十个。王寻、王邑的兵连着往后退。汉军追上来，杀了上千的人。刘秀带着敢死队直冲过去，专打中军大营。王寻、王邑自己带着一万兵马跟刘秀的人交战，还真打不过，不一会儿就乱了队伍。各地征调来的兵马，各守各的阵营，互不相救。汉兵可是越打越有劲儿。王寻想显点本领，还要领头往前冲。汉兵知道他是大将，立刻把他围上，乱砍，乱刺，结果了他的性命。

王邑瞧见王寻被杀，心就慌了，忙着逃跑。城里王凤、王常他们一瞧城外打赢了，马上开了城门打出来。两面夹攻，喊声震动了天地。王莽的将士听到主将被杀，副将逃了，全都吓慌了神，乱奔乱跑，自相践踏，沿路一百多里地都有尸首倒着。汉军趁乱一通猛追。

汉军正杀得高兴，忽然瞧见一个怪人带着一群猛兽冲过来了。那个怪人叫巨毋霸，据说有一丈来高，身子像公牛那么粗。这么笨拙的巨人有什么用呐？他可有一种特别的本领，能够训练老虎、豹、犀牛、大象。王莽拜他为校尉，让他带着几只猛兽和一批扮作猛兽的士兵出来助威。汉兵哪儿见过虎豹出来打仗的，只好躲开了。

没想到六月的天气变化无常，突然“轰隆隆”一声响雷，接着，大豆似的雨点像天塌了似的往下直倒。那些身上涂着颜色、扮作老虎和豹的士兵给浇得直打哆嗦，不但不往前冲，反倒窜到后面去了，巨毋霸也只好往后退。一群猛兽净向巨毋霸挤过去，挤得他立不住脚，仰面一倒，头重脚轻，就这么掉在河里，说什么也起不来了。

汉军一看，可高兴了。他们认为这是天帮助他们消灭敌人，个顶个都生龙活虎似的，直往前追。王莽的大军好像决了口子的大水向后倒去，人都挤到了河里，淹死了一万多人，连那些猛兽也都夹在里面。各地征调来的兵将也都四散逃跑了。昆阳大战消灭了王莽的主力。这个消息传到各地，鼓舞了各地起义军。有不少人杀了当地的官员，自称为将军，用汉朝的年号，等待着刘家皇帝的命令。

可就在这个时候，刘家皇帝与刘家将军发生了矛盾。在宛县和昆阳打了胜仗，刘缜哥儿俩的名声大了起来，更始皇帝刘玄对他们有点儿不放心，他们手下的人也不把刘玄放在眼里。有一个叫刘稷（jì）的，是刘缜的心腹，就这样说刘玄："他算老几？哪儿轮得到他？"话传到刘玄耳朵里，他就把刘稷拿下，说他违抗命令，给定了死罪。刘缜得到消息，急忙跑来替刘稷争理，说得刘玄没了主意。站在一旁的朱鲔大喝一声，说："刘稷对抗命令，还不是刘缜主使的吗？他也不能免罪！"刘玄把脑袋一顿，使出了做皇帝的威风，下令把刘缜和刘稷一块儿都杀了。

刘秀这时候不在宛县。他听到哥哥给杀了，痛哭了一场，然后擦干眼泪跑到宛县来见刘玄，承认

知识驿站

汉朝的代表性文学——乐府诗和汉赋

王国维说：“凡一代有一代之文学。”乐府诗和赋即为汉朝最具代表性的两种文学体式，在中国古代文学史上产生了深远的影响。

乐府

乐府是掌管音乐的官署。汉武帝时期，为了宫廷娱乐和庙堂祭祀，命令乐府大规模地采集各地民歌。这些民歌虽然经过了文人的加工、润色，但还保存着民歌的特色，因此在西汉的诗坛上留下了百姓的声音。

如《战城南》，用苍茫、悲凉的调子描写了百姓厌恶战争的心情，控诉了战争带来的深重灾难。又如《陌上桑》，用夸张、铺叙和烘托的笔法塑造了一个坚毅不屈、有高度智慧又有反抗精神的农家少女——罗敷。这些民歌语言朴实，形象鲜明，是汉代社会生活的一面镜子，在中国文学史上占有重要的地位。汉代民歌对唐宋诗人如李白、杜甫、白居易等产生了重要影响。

汉赋——典型的宫廷文学

汉朝前期，楚辞盛行。文学家以楚辞为基础，创造出半诗半文的综合体——赋。汉赋是典型的宫廷文学。它用华丽的辞藻、夸张的手法，堆砌了丰富的词汇，描写西汉上层社会的繁华景象，反映汉代的统一与强大，显示了汉天子的尊严。但汉赋形式呆板，词句艰深，在形式和技巧上对后世的文学作品有一定影响。

汉赋代表作家及其作品

汉赋作家以贾谊、司马相如、扬雄等为代表。贾谊的主要作品有《吊屈原赋》《鹏鸟赋》等。贾谊主张“定官名，兴礼乐”，遭到周勃等人的诋毁，被谪为长沙王太傅。当他渡湘水时作《吊屈原赋》，借凭吊屈原来抒发自己心中的愤懑。汉武帝时司马相如最负盛名，他的作品有《子虚赋》《上林赋》等。这些赋都以游猎为题材，描写宫廷的生活，皇帝宫殿的雄伟壮丽，林木的茂盛，禽兽的众多，游猎队伍的浩大壮观，篇末说一些讽谏的话，作为点缀。

自己的不是，向刘玄表示忠心。人家问起昆阳大战的情形，他说：“这全是皇上的洪福和将士们的功劳，我不过跟着大家沾了些光。”他也不给他哥哥戴孝，有说有笑的，完全像没事人一样。刘玄反倒觉得过意不去，拜他为破虏大将军，封为武信侯。

成语讲堂

以一当十

含　义　一个人可以抵挡十个人。形容军队以寡敌众，勇敢善战。

反义词　一夫之用

近义词　以寡敌众

原　文　必一而当十,十而当百,百而当千。(《战国策·齐策一》)

译　文　一定可以一个人抵挡十个人，十个人抵挡一百个人，一百个人抵挡一千个人。

例　句　看完这部电影，我觉得解放军战士对抗敌人真是以一当十。

死守黄金

刘玄派上公王匡去进攻洛阳，大将军申屠建和李松去进攻武关（在陕西丹凤）。王莽知道以后，急得要命，他合计了一下，能打仗的一些将军大多还在塞外对付匈奴，一时撤不回来，留在国内的主力已经被汉军消灭了。主要的地盘只剩下长安和洛阳两个大城，这怎么能叫他不着急呐？他临时拜了几个将军，把囚犯都放出来当士兵，凑成了一支军队，往东去抵抗汉军。

未央宫

西汉主要宫殿建筑群。据初步断定，遗址在今陕西西安市汉长安故城内。公元前200年，丞相萧何主持修建未央宫，有东阙、北阙、前殿、武库、太仓等建筑。建成后常为朝见之所。新莽末毁。唐武宗时重修，唐末毁。

这些临时凑起来的士兵，都不肯替王莽卖命，刚一出发，有的就逃散了。剩下的好不容易到了战场，勉勉强强跟汉兵打了一仗，几个将军死的死、逃的逃，士兵大多数不愿打仗，一哄而散了。

长乐未央瓦当

弘农（在河南灵宝）郡长王宪看到王莽失了人心，早晚要完，干脆投降了汉军，做了一个校尉。他带着人马要去攻打长安。这一来，有不少豪强大族也都起兵，自称是汉朝的将军，跟着王宪去打长安。公元23年，他们到了长安城下，争着要进城去，有的就在城外放起火来。城外烧着大火，照到城里，城里也有人放起火来，火烧到了未央宫，众人闹闹嚷嚷地都拥了进去。王宪他们也进了宫，要杀王莽。新朝的将军王邑、王林、王巡这几个王家将带着宫里的士兵四面抵抗。

王莽知道自己的末日到了，他就穿着皇帝的礼服，手里拿着一把短刀，坐在宣室前殿，死守着六十万斤黄金和其他珍宝，一动不动。朝廷上的公卿大臣跟着他在一起待着。王莽自己安慰自己说：“天理在我这儿，汉兵能把我怎么样？”别的人又是流泪，又是叹气，心里只想着：“什么天理不天理，能不死就好！”这么挨过了一个晚上。

第二天，火烧到前殿来了。外面喊杀声一阵高过一阵，很吓人。大臣们忙扶着王莽离开了六十万斤黄金，躲到太液池里的一座楼台上。那楼台叫“渐台”，四面都是水，只有一座桥可通过去，火是烧不到这儿来的。在渐台陪着王莽的还有一千多人。

王邑、王林、王巡他们日夜不停地抵抗，累得有气无力，手底下的士兵死的死、伤的伤，差不多全完了。王宪的兵将呼啦一下冲了进来，王邑他们听说王莽在渐台，就到水池子那边去保护他。可是

汉太液池

汉太液池也称“蓬莱池”，是西汉建章宫西北一座水池，水源引自城北渭水。池中建有20余丈高的渐台，还堆筑象征仙山的瀛洲、蓬莱、方丈等假山。据《三辅故事》记载：“（太液）池北岸有石鱼，长二丈，广五尺，西岸有龟二枚。”

石鲸

士兵没了，光杆儿将军双拳难敌四手。结果，他们全被杀了。

这时候，渐台周围全是人，里里外外围了好几层。台上的将士往下射箭，大伙儿没法上去。直到台上的箭射完了，下面的人才呐喊着拥上去。长枪、短刀、铁耙、木棍都使上，肉搏开始了。

太阳下山的时候，众人终于攻进了台上的内室，保护着王莽的几个大臣都死了。大家拥上去，咔嚓一刀，就把王莽杀了。王莽死的时候，头发和胡子都是半截黑半截白的。有个校尉割下王莽的脑袋，拿去向王宪报功。

王宪又找到了那颗镶了一只角的传国玉玺。他就不再做校尉，自封为“汉大将军”。涌到长安城里的几十万人没有头儿，一听说王宪是汉朝大将军，就都算是他的部下了。王宪的势力突然大了起来，王宪得意得不得了，他把自己的一部分士兵留在宫里作为卫队，吩咐别的将士和小兵都驻扎在外边。他拿着玉玺，穿上王莽穿过的龙袍，戴上王莽戴过的冠冕，用起了天子的旗子和车马，把王莽的后宫都收下来作为自己的后宫。他就这么得意忘形地做起皇帝梦来了。

过了两天，刘玄派来的将领申屠建和李松到

耙（bà）

犁耕后用来松碎表土、平整地面、掩埋肥料和根茬、灭草的农耕工具。汉代已有竹木耙和铁齿耙，但属人力耙。甘肃嘉峪关出土的魏晋墓壁画中，有畜力挽拉铁齿耙的形象，说明魏晋时期已经开始使用畜力拉耙了。

了。他们听说玉玺在王宪那儿，就向他要，他可不肯给。申屠建和李松查出王宪使用了天子的旗子和车马，就直接把他杀了，收了传国玉玺，然后向刘玄报告接收长安的情况。

刘玄觉得王莽一死，全国没有第二个皇帝，自己的江山可以坐定了。小小的宛县不能作为都城，他就打算迁都到长安去。这时候，王匡已经打下了洛阳，还把那个跟他同名同姓、伤了一条腿的太师王匡也杀了。刘玄手下的将士都是关东人，一听到洛阳也被打下了，那份高兴就不用提了。他们说："长安太远，不如迁都到洛阳吧。"刘玄本来没有一定的主张，就听了将士们的话，决定迁都洛阳。可是洛阳刚打过仗，宫殿破坏得实在太厉害，得先修理一下才好。刘玄不敢重用刘秀，不想让他再去打仗立功，可这修理房子的碎烦事儿不妨让他去办。他就派刘秀为司隶校尉，带着一些人到洛阳去修整宫殿。

刘秀到了洛阳，还是像在宛县那样，做事很有精神，天天有说有笑的。可是到了晚上，他喜欢清静，一个人待在屋子里，不让别人进去，只有冯异是个例外。

这个冯异是父城（在河南宝丰东）人，原是新

冠冕

冠在古代指礼帽或比较庄重的场合戴的帽子；冕是天子、诸侯、卿、大夫所戴的礼帽。冠冕为古代帝王、官员戴的帽子的统称。后也可比喻首位、第一名。

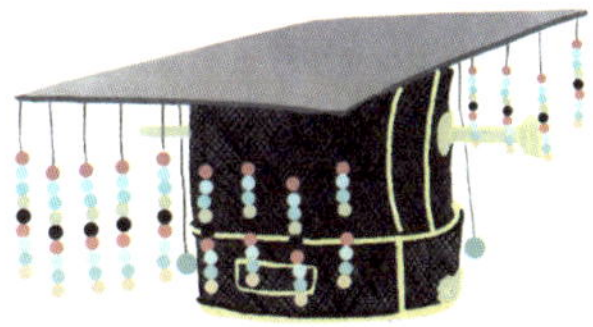

九旒冕

知识驿站

中国古代的头衣——帽子

广义的衣指一切蔽体的织品，包括头衣、胫衣（胫 jìng）、足衣等。古代的头衣主要有冠、冕、弁（biàn）、巾、帻（zé）五种。

冠、冕

冠是古代男子所戴的帽子，但是它的样式和用途与后世所谓的帽子不同。束发时用发簪绾起发髻，再用冠束住。

冕是最尊贵的一种礼冠，最初是天子、诸侯、大夫在祭祀时戴的，所以后来有“冠冕堂皇”这个成语。冕的形制和一般的冠不同。冕上面是一幅长方形的板，叫綖。綖的前沿挂着一串串的小圆玉，叫作旒（liú）。据说天子冕有十二旒（或说皇帝的冕前后各有十二旒），诸侯以下旒的数量各有差别。后来只有帝王可以戴冕，所以“冕旒”可以用作帝王的代称。

弁

弁也是一种比较尊贵的冠，有爵弁，有皮弁。爵弁据说就是没有旒的冕。皮弁是用白鹿皮做的，分片缝合，类似后世的瓜皮帽。鹿皮各个缝合的地方缀有一行行闪闪发光的小玉石，看上去像星星一样，所以《诗经·卫风·淇奥》说“会弁如星”。

巾、帻

古时贵族、官宦才能戴冠乘车，车有车盖，所以古人以“冠盖”为贵族、官宦的代称。古代平民不戴冠，发髻上覆以巾，巾有各种各样的盘裹样式，极具装饰性，也受到上层社会的喜爱，因此，从汉代开始，巾逐步成为王公贵族平常所戴的首饰。

帻是包发的巾，有压发定冠的作用。官员和老百姓都可以戴帻，官员在上朝或行公事的时候要把帻和冠搭配使用。

朝的一个将军，很懂得兵法战策，替王莽管着五个县，还帮着父城县令守城。刘玄派刘秀来打父城，可冯异坚守着，没让他打进去。有一天，冯异出外巡视，不料被刘秀手下士兵捉住。刘秀审问他，就觉得这个人老练沉着，文武全能，不同于一般人。冯异也看出刘秀有心胸，志气远大，打心里佩服，后来他就归附了刘秀。刘秀看他能力出众，让他当了主簿（掌管文书，相当于秘书长），把他当作心腹。有一天，冯异发现刘秀的枕头湿着一大片，就猜出了刘秀的心事，一定是想他哥哥刘缜呐。他苦苦地劝告刘秀别太伤心。刘秀急忙摆摆手，对他说："请你千万别说出去！"

王莽的新朝被推翻了，各地方的人马互不相让，都说自己的功劳大，都想掌大权。他们互相攻打，各抢各的地盘，害得老百姓叫苦连天。这么乱糟糟的天下怎么能够统一起来呐？刘玄本来是个傀儡皇帝，也没有平定天下的才干。刘秀是他的臣下，无权无势，能干出什么大事来呐？正在这时候，有个太学生来找刘秀了，说愿意帮助他平定天下。这个太学生是谁呐？他真有这个本领吗？

傀儡

木偶戏里的木头人，也是木偶戏即傀儡戏的简称。傀儡还可以用来比喻受人利用、毫无自主权的人。

爱财如命

含　义　爱：吝惜。吝惜钱财就像爱惜自己的生命一样。形容人非常贪婪、吝啬。

反义词　慷慨解囊

近义词　一毛不拔

原　文　既称月老，又号冰人，爱财如命，说谎通神，自家高媒婆是也。（明·谢谠《四喜记·大宋毕姻》）

译　文　既被称作月老，又被叫作冰人，喜欢钱财跟爱惜自己的命一样，说谎话的本领极大，简直可以通于神灵，我就是高媒婆。

例　句　那些贪官一个个都爱财如命。

豆粥麦饭

那个太学生名叫邓禹，南阳新野人。他跟刘秀在长安同过学，比刘秀小七岁。两个人挺合得来，成了知心朋友。邓禹听说刘秀在洛阳修理宫殿，就赶去找他。到了洛阳，才知道刘秀已经走了。

原来，刘玄要安抚河北的各路兵马，又把这个差使交给了刘秀。刘秀就拿着大司马的节杖，到河北去了。邓禹就沿路追去，一直追到邺城（在河北临漳西），才把刘秀追上。

同学好友见了面，那份高兴劲儿就不用提了。刘秀说："老朋友跑了这么多的路赶来，为的什么呀？"邓禹说："我想替您出点力，将来也好留个名。"刘秀就留着他在一间屋子里睡。邓禹挺正经地说："现在山东还没安定下来，像赤眉军那样各占地盘的多得很。刘玄庸庸碌碌，自己没有主张。他手底下的将士光知道贪图财帛，没有远大的志向。你这么下去，也成不了大事。依我说，不如搜罗人

邓禹

东汉开国功臣之一，列入"云台二十八将"。邓禹少年时便与刘秀相识，新莽败亡后投奔刘秀，勉励他"延揽英雄，务悦民心，立高祖之业，救万民之命"。深受刘秀信赖。后率军镇压铜马军，又击败更始大将王匡。刘秀称帝后，拜邓禹为大司徒。公元26年，一度领军入长安，后来屡次为赤眉所败，几乎全军覆没，被罢免大司徒职位。汉明帝时期拜为太傅。

才，争取民心，创立高帝的事业。”刘秀一听，这话正说到他的心眼儿里了。第二天，他就吩咐手下人称邓禹为邓将军，还叫邓禹跟他住在一个屋子里，有事情好一块儿商量。

他们两个的心思给另一个有心人琢磨出来了，那个人就是冯异。他也对刘秀说：“人心思汉，已经不是一天了。现在刘玄的将士们乱打一气，老百姓很失望。一个人挨饿挨得久了，有点儿东西吃，就够满足的了。应当赶快派人分头到各地，去给老百姓申冤，还能宣扬汉家的恩德。”刘秀听了很同意，就让冯异他们到附近各县去考察官吏，安抚百姓，释放受冤的囚犯。他自己带着部下，往北到了邯郸。

邯郸有个汉朝宗室的子弟叫刘林，他见到刘秀，向他献计说：“现在赤眉军在河东（黄河东边）驻扎，只要掘开了河堤，把水灌到河东去，赤眉军非淹死不可。”刘秀一想，掘开了河堤，老百姓不也得遭殃吗？用这种办法，怎么能夺取天下呐？就没去理他。过了几天，刘秀又带着人到真定（在河北正定）去了。

刘林碰了一鼻子灰，越想越别扭，就打算自己起兵，干点大事。他找了一个算卦先生，叫王郎，请他算个卦，看是凶是吉。王郎看刘林噘着嘴，知

邯郸

战国时期，邯郸作为赵国都城达158年，脍炙人口的胡服骑射、完璧归赵、邯郸学步、负荆请罪等成语典故皆与此地有关。西汉时期，邯郸为赵国（藩国）的王都。从战国到西汉，邯郸是河北平原上最大的城市，工商业很发达，吕不韦曾在邯郸经商，家累千金。王莽时，除长安之外，邯郸与和雒阳、临淄、成都、宛共享“五都”盛名。

道他有心事，就细细盘问起来。刘林把自己的打算说了出来。王郎说："我有个主意。头些日子，长安有个人自称是汉成帝的儿子，名叫子舆，王莽说他是冒名顶替，把他杀了。你不妨冒充刘子舆，就可以号召天下了。"刘林说："你自己去冒充，不是一样吗？我来帮你登基。"王郎一听，甭提多高兴了，连忙说："行！咱们说在头里，有福同享，有祸同当。"这么着，两人就对天盟了誓。

刘林联络了一些人，打起刘子舆的幌子，没几天工夫，真召集了好几千人。他们就立王郎为天子，刘林为丞相，向邻近的州郡发了通告。赵国以北，辽东以西，许多州县都起来响应，王郎的势力就突然强大起来。刘林还出了十万户的赏格，要捉拿刘秀。

刘秀知道自己力量单薄，没法跟王郎拼，回去的道又给截断了，只好再往北走，到了蓟州（在天津蓟州区；蓟 jì）。蓟州有个叫刘接的，他贪图那十万户的赏格，起兵响应王郎，要捉拿刘秀。刘秀他们慌慌忙忙跑出了南门，往饶阳（在河北衡水）方向逃去。走到半路上，大伙儿都饿得肚子咕咕直叫。冯异向老百姓讨来半碗豆粥，送到刘秀跟前。刘秀捧起碗来，几口就吞下去了，好像从来没吃过这么香的东西。好不容易磨蹭到饶阳，大伙儿饿得头昏眼花，都支持不住了。

刘秀看到路边有一座传舍（驿站），有了主意，就叫大伙儿大模大样地走进去，冒充王郎的使者，吩咐传舍里的官员赶快摆饭。饭摆上了，随从的人一瞧见有了吃的，大伙儿就抢开了。传舍里的官儿起了疑，心想："哪儿有这号使者？怕是冒充的吧？"他就一边敲鼓一边喊："邯郸将军到了。"大伙儿一听，脸都白了。刘秀一想，逃也逃不了啦，索性壮着胆子对那个官员说："请邯郸将军进来见我！"那个官员哪儿去找邯郸将军呐，只好支支吾吾，敷衍了几句了事。刘秀他们吃完了饭，又大模大样地离开了传舍。

往哪里去呐？刘秀听说信都（在河北衡水市冀州区）太守任光不肯投降王郎，就带着大伙儿向信

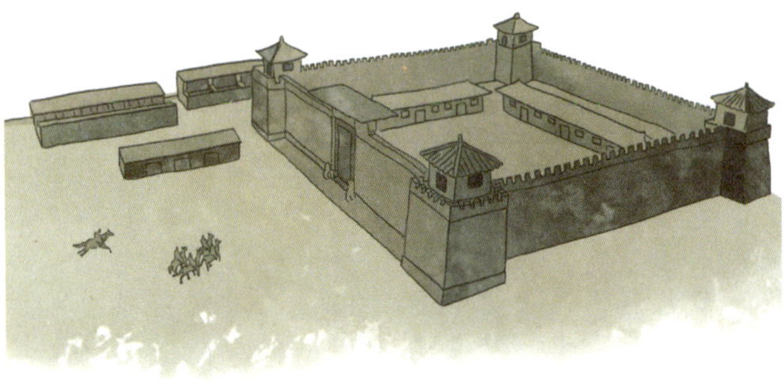

悬泉置复原模型

传舍（zhuànshè）

战国时期，传舍是贵族招待门客的客舍，分上、中、下三等，最高为代舍，次为幸舍，又次为传舍。后指设于交通线上供官员和行人休息的旅舍、客舍。位于甘肃敦煌市境内的悬泉置遗址，是公元前3世纪至公元2世纪，汉代设立在丝绸之路上接通中原与西域诸国众多驿站中的一个。

知识驿站

中国古代服饰的名称

古代当衣和裳并举的时候，衣就只能指上衣，下衣称作裳，裳并不是裤而是裙，古代男女都着裙。衣、裳尚且有分别，古人其他服饰、配饰名称也都各有特点，各有喻表。

古之君子必佩玉

古人非常珍视玉，玉器不但用于祭祀、外交和社交等方面，而且用于服饰。《礼记·玉藻》说："古之君子必佩玉。"又说："君子无故，玉不去身。"可见佩玉是贵族十分看重的衣饰。据说古人礼服都有两套相同的佩玉，腰的左右各佩一套。每套佩玉都用丝绳系连着。上端是一枚弧形的玉，叫珩（héng）。珩的两端各悬着一枚半圆形的玉，叫璜。中间缀有两片玉，叫做琚（jū）和瑀（yǔ）。两璜之间悬着一枚玉，叫做冲牙。走起路来冲牙和两璜相触，发出铿锵悦耳的声音，这便是"如鸣环佩"。

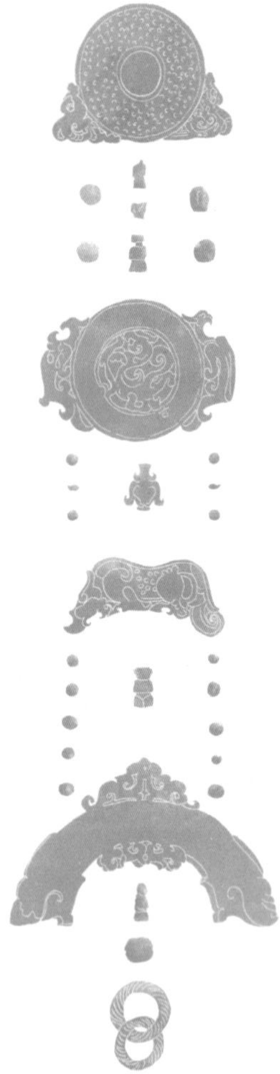

布、帛之分

上古时代人们还不懂得种棉花，所谓“絮”“绵”，都只是丝绵。上古所谓的布并不是棉织品，而是麻织品或葛织品。帛则是丝织品的总称。贫贱的人穿不起丝织品，只能穿麻织品，所以“布衣”成了庶人的代称。最粗劣的一种衣服称为“褐”，是由兽毛或粗麻制成的短衣，所以贫苦的人被称为“褐夫”。

裘、袍、衮、鞋履

裘和袍是御寒的衣服。裘是动物的皮毛做的，袍是长袄，里面铺的是麻或新绵、旧絮。汉以后有绛纱袍、皂纱袍，袍成了朝服常用形式。唐宋以后妇女以裙为常服，男以袍为常服。

衮是天子和上公的礼服。据说衮上绣有蜷曲的龙。后代所谓“龙袍”就是衮的遗制。

另外，古人穿的鞋，叫屦或履，一般用麻绳编织，草鞋叫屣，木头鞋叫屐。

都方向走去。他们一路到了南宫（在河北南宫），偏巧天上下起大雨来，没完没了的，衣服全给淋湿了。瞧见道旁有个空的传舍，他们就躲进去避一避雨。冯异抱来了一大捆柴火，又去找吃的去了。邓禹见屋里有现成的灶台，就忙着生起火来。不一会儿，火着旺了，刘秀忙着给大伙儿烘湿衣服。冯异找来了一点麦子，大伙儿就七手八脚地煮成一锅麦饭，半生不熟的就这么吃了点儿。又歇了一会儿，雨停了，他们赶紧动身，像难民似的，又走了一百来里地，才到了信都。

信都太守任光跟和成（以前巨鹿郡的一部分）太守邳彤（Pī Tóng）都不肯投降王郎。他们手里也有点军队，可是已经成了孤军，正担心着对付不了王郎呐，一听到刘秀他们到了，不由得都高兴起来。

太守

战国时太守是郡守的尊称。西汉景帝时期，太守是郡的最高行政长官，掌民政、司法、军事、财赋等事务。新莽改称太守为大尹。东汉重设太守。西汉张骞通西域后，汉武帝“设四郡，据两关”，敦煌郡便处在东西交通的关键点上，敦煌太守在两汉丝绸之路上承担和发挥了特殊作用。

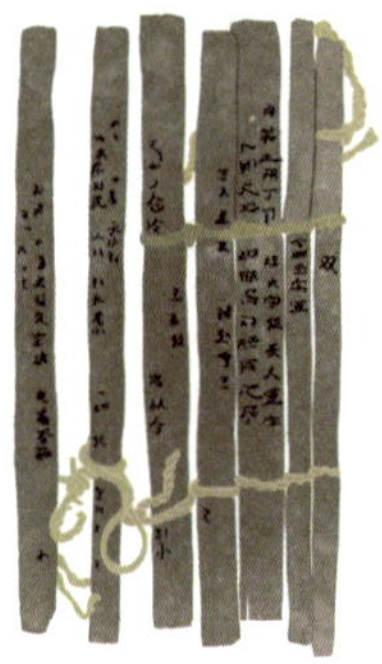

敦煌太守调史监置书

成语讲堂

饥寒交迫

含　义　交：一齐，同时；迫：逼迫。无衣无食，又饿又冷。形容生活贫困。

反义词　丰衣足食

近义词　啼饥号寒

原　文　隆冬及春，饥寒交迫，生机穷绝。（清·李中孚《与董郡伯》之二）

译　文　从寒冬到春天，饥饿寒冷一齐逼迫，老百姓生存的机会穷尽断绝了。

例　句　即使在饥寒交迫的日子里，他也没有改变自己的意志。

“铜马皇帝”

任光和邳彤把刘秀他们接进信都，大伙儿商议怎样对付王郎。邳彤说：“只要大司马登高一呼，召集信都、和成两郡各县的兵马，一定能打败王郎。”

刘秀就用大司马的名义，召集人马，果然得到了四千精兵。任光发出通告说：“王郎冒充刘氏宗室，诱惑人民，大逆不道。大司马刘公从东方调百万大军前来征伐。一切军民人等，顺从的，既往不咎；抗拒的，决不宽容！”他派骑兵把这个通告分发到巨鹿和附近各地。老百姓看到了通告，纷纷议论，把消息越传越远。王郎手下的兵将听了都害怕起来，好像大祸临头似的。

刘秀带着四千精兵，又打下了邻近几个县城，声势慢慢地大起来。没过多少日子，又有不少地方首领起兵来投靠他。刘秀慷慨得很，不但封他们为将军，有的还封为列侯。这么七拼八凑，他总算有了十几万人马，他就率领这些人马去进攻巨鹿。

正好，刘玄也派兵来攻打王郎。两路大军联合起来，连着攻打了一个多月，还没能把巨鹿城打下来。有几个将领说："咱们何必在这儿多耗日子呐？不如直接去攻打邯郸。打下了邯郸，杀了王郎，还怕巨鹿不投降吗？"刘秀采纳了他们的意见，留下一部分人马继续围攻巨鹿，自己带领着大军去攻打邯郸，接连打了几个胜仗。王郎的部下支持不住，开了城门，把汉军迎进城去。刘秀占领了邯郸，杀了王郎，刘林可逃得不知去向了。

刘秀进了邯郸宫殿，检点公文，都是各郡县的官吏和大户人家跟王郎来往的文书，其中大多是奉承王郎，说刘秀坏话的。刘秀特意在将士们面前把这些文书全都烧了。有人说："哎呀，反对咱们的人都在这里头呐，现在连人名都查不到了。"刘秀说："烧了这些文书，好让人家安心！"大伙儿这才明白过来，全都佩服刘秀胸襟开阔。

刘秀的队伍越来越大。他重新编排人马，整顿队伍，让士兵们随个人的心愿分配到各营里去。许多士兵都说："愿意拨在大树将军的部下。"刘秀奇怪了，这"大树将军"到底是谁呀？一打听，原来是冯异的外号。

冯异从来不说自己的长处，上阵打仗，他总跑在前面。到了休息的时候，将军们免不了要聊聊打仗的经过。他们团团坐在一起，你一言，我一语，说个没完。有时候为了争功，甚至各不相让，闹得脸红脖子粗。每到这时候，冯异就偷偷地溜了，一个人坐在大树底下躲着。因为他不止一次地躲在大树底下，军队里就都称他为“大树将军”。刘秀听了士兵们的话，对“大树将军”冯异就更加尊敬了。

刘秀打下了邯郸，消灭了王郎。刘玄就派使者来见刘秀，封他为萧王，还吩咐他撤兵回去。刘秀手下的将领听说了，都急得什么似的，跑来对刘秀说：“刘玄迁都到了洛阳，只知道享乐。再说全国各处起义的人马，有几万的，有十几万的，甚至有几十万的，刘玄压根儿没法对付他们，他长不了。大王现在平定了王郎，只要登高一呼，准能天下响应。为什么把天下让给别人呐？您千万不可听他的呀！”刘秀听了摇摇手，叫他们别再往下说。刘秀出去对刘玄的使者说：“王郎虽然灭了，河北还没平定，我一时还不能动身。”

刘秀把刘玄的使者打发走了，他就决定留在河北，打出自己的地盘。于是，他调集了各郡的兵马，跟当地的铜马军打起来。

这铜马军本来是河北一带的农民造反以后凑

起来的。队伍的头儿把大山大河当成自己的名字，一个叫东山荒秃，还有一个叫上淮况，听起来挺怪的。他们打仗也怪，来得快，跑得也快，像打游击似的。和铜马军同时造反的还有好几十家队伍，头领的名字也很特别，像城头子路、校三老什么的。他们占了一个地方，就立个名号，占地为王，然后到处打仗，抢了东西就自己用。这么一来，河北一带没人管得了，就乱了套了。刘秀想在河北立住脚，让局面平定下来，就非把这些队伍压下去不可。

这些农民军虽然人数不少，可没有合起来，都自己打自己的。彼此之间还防备着，纠纷不断。刘秀瞅准了这个空子，就打算拉一个打一个，各个击破。他先和城头子路他们联络，说愿意和他们一起干。城头子路挺高兴，表示拥护他。这一来，好些家都跟着过来了，刘秀在当地的名气就大了，加上他对人和气，出手大方，让那些头领都当了官，所以人缘越来越好，手底下的人马不断扩大。

刘秀有了实力，就决定打击最强的铜马军。公元 24 年秋天，汉军和铜马军在束鹿（在河北辛集）打了一场大仗。刘秀打仗有经验，他看铜马军来势不小，就下令紧闭营寨，不许出战，然后派一队人马偷偷出去，绕到敌军后面，把粮道给占了。这一来，铜马军慌了神儿，双方对峙了一个月，铜马军因为粮草没了，只好退兵。刘秀这才下令追击，打了一个大胜仗。铜马军不服气，又联络了一批人马反扑过来。这一次，刘秀把兵力集中起来，和铜马军硬碰硬地打起来。结果，铜马军乱糟糟的，又吃了败仗。没路可走了，这支起义军全部投降，归顺了汉军。

刘秀把铜马军的人都收编进来，把原来的头领都封了侯，还让他们当头儿，管原来的部下。那些人都别提多高兴。有些不服管的，后来又凑起来，自己立了个叫孙登的当皇帝，可很快就垮了，这伙人只好也投靠了刘秀。河北一带都成了刘秀的地盘，他的军队就扩充到了几十万人，威信没人能比。到了这时候，谁还敢小瞧他呐？消息传开，大家都觉得刘秀不得了，连刘玄管着的关中一带人，都管刘秀叫“铜马皇帝”。因为他是靠收编铜马军强大的。大家都佩服刘秀，不愿意听更始皇帝刘玄的了。

刘秀到了河内郡（在河南武陟、沁阳一带），就把这里当成根据地。他正要向北去平定燕、赵，不想这个时候，有消息传来，说刘玄和赤眉军又打起来了。原来刘玄从宛县迁都到洛阳的时候，派使者

粮饷

军队中发给官兵的粮食和钱物。粮饷制度随商品交换与货币流通的发展而变化。魏晋南北朝以前，各代粮饷都较为简单，一般是以粮代饷或以绢资粮。

去叫赤眉军归顺他。这赤眉军大都是老实的农民，没有活路了才起来造反的，并不想争什么地盘。樊崇压根儿没有做皇帝的打算。因此，一听到刘玄做了皇帝，恢复了汉朝，他们就按兵不动了。听说更始皇帝派人来了，樊崇就带着二十几个首领跟着使者到了洛阳。

刘玄给樊崇封了个挂名的列侯，但不给二十几万赤眉军将士发粮饷。结果好多人都跑了，队伍眼看着要散架。樊崇急得直上火，他对刘玄大失所望，也不想让刘玄管着，就找个机会逃了回去。偏巧这个时候，刘玄他们内部闹起了内讧（hòng）。樊崇趁着这个机会，就决定跟刘玄干一架，把人马聚集起来，也来夺取天下。

知识驿站

古人的餐桌——主食

上古的粮食作物有所谓五谷、六谷和百谷。按照一般的说法，五谷是稷、黍、麦、菽、麻；六谷是稌（tú）、黍、稷、粱、麦、苽（gū），《三字经》将稻、粱、菽、麦、黍、稷并称“六谷”。稌就是稻，苽是菰米（菰 gū）。至于百谷，不是说上古真有那么多的粮食品种，而是多种谷物的意思。

稷、黍

稷与禾一样，是粟的古名，用于汉以前。古人以稷代表谷神，和社神（土地神）合称为“社稷”，并专门设置社稷坛来祭祀，以社稷作为国家的代称，由此可见稷在上古的重要性。

黍是现代北方所说的黍子，又叫黄米。《诗经》里常见黍、稷连称，可见黍在上古也很重要。上古时代，黍被认为是比较好吃的粮食，所以《论语·微子》说：“杀鸡为黍而食之。”

也有一种说法认为稷和黍本是一类，黍的子实是黄色的，黏性更强；稷的子实是白色的，没有黏性。

麦、菽、麻

麦有大麦、小麦、燕麦等多种。菽就是豆，上古只称菽，汉以后叫豆。麻指火麻、麻子，麻的籽可以食用、榨油。《诗经·豳风·七月》“九月叔苴”，“苴”就是麻子。古代以丝麻或桑麻并称时，“麻”指大麻的皮纤维。

谷、禾、粟、粱

谷是粮食的总称。禾本来专指粟，后来逐渐变为一般粮食作物的通称。粟是谷类的子实，后来也用作粮食的通称。粱是粟的良种。古人常以稻粱并称，认为这两种谷物好吃；又以膏粱或粱肉并称，认为这是精美的膳食。

成语讲堂

足智多谋

含　义　足：充足。有丰富的智慧、很多的计谋。

反义词　一筹莫展

近义词　多谋善断

原　文　此人足智多谋，可与共事。（元·无名氏《连环计》第一折）

译　文　这个人有丰富的智慧，很多的计谋，可以和他在一起做事。

例　句　诸葛亮足智多谋，所以火烧赤壁才会成功。

争先恐后

公元24年开春，刘玄从洛阳又迁都到了长安，他也许是觉得洛阳不如长安安全。刚到长安的时候，刘玄还挺像回事，下令将士不得抢劫，让百姓安居乐业，一切照常。军队纪律很好，长安的秩序也没乱。刘玄就给功臣加封，把原来汉室的贵族请出来做官，还派军队把周围的豪强武装消灭的消灭，收编的收编，关中地面的局势也就稳定下来。

刘玄得意极了，跟着就摆起了皇帝的谱，在宫里吃喝玩乐，整天和妃子们在一起享受，对国事也不爱管了，朝廷上的杂事都交给他的老丈人赵萌。赵萌掌握了大权，架子十足，把原来绿林军的将士们不放在眼里，这就引起了不满。都是造反起的家，出生入死的，功劳都有份，凭什么你就那么霸道呐？这么一想，大家伙儿就分了心，队伍就分裂了。

刘玄本来能力一般，没什么大本事，靠着姓

刘的本钱当了皇帝，瞧不起他的人多的是。领兵在外的那些将领，一直都不听他的，自己占了一块地盘，就发号施令，刘玄也没辙。驻扎在关中的，像王匡、张印、申屠建几个，也都成了土霸王。这些人指挥打仗还行，可对国事就成外行了。

看着刘玄一天不如一天，樊崇就率领二十万赤眉大军，往西攻入了函谷关（在河南灵宝南），分几路朝着长安打过来。刘玄大吃一惊，忙着调集人马抵抗。各路人马打成一团，刚稳定的关中就又乱了。

刘秀在河内一得到消息，就知道刘玄敌不过樊崇，长安一定保不住。他打算派邓禹往西边去打樊崇，帮帮刘玄。可是刘玄的大将朱鲔还在洛阳，他可是刘秀的死对头，当初主张杀刘縯的就是他。他要是知道河内空虚，随时可以打过来。刘秀自己又想去平定燕、赵，他自己走了，那么叫谁把守河内呐？他就问邓禹有什么主意。邓禹说："从前高帝信任萧何，嘱咐他守住关中，供应军粮，征集士兵。高祖才能够一心一意地在前方打仗，去收服山东，终于成了大事。河内地势险要，北通上党，南近洛阳，要挑个文武全才的人守在这儿才行。"刘秀完全同意，说："你看让谁守在这儿合适呐？"邓禹说："再没有比寇恂（xún）更合适的了。"

寇恂是上谷昌平（在北京北部）人，他不但能带兵打仗，还读过好些书，喜欢研究学问，懂得治国的道理，是个文武双全的材料。刘秀听了邓禹的话，就拜寇恂为河内太守，请他负责后方的事务。又拜“大树将军”冯异为孟津将军，防备着洛阳朱鲔那边。布置完了，他就分给邓禹三万兵马，叫他进关去攻打赤眉军，自己带着大军去平定燕、赵。

寇恂留在河内，用心管理着内政，还吩咐各县练兵，尤其是练习射箭。他让人做了一百多万支箭，养了两千匹马，征集了四百万斛（hú）军粮，源源不绝地运到前方去。大伙儿都叫他“赛萧何”。

镇守洛阳的朱鲔打听到刘秀带着大军往北去了，果然趁着机会来进攻河内。不料，他正好碰上孟津将军冯异，吃了个大败仗。冯异和寇恂两路兵马合在一起，渡过河去，追着朱鲔打，一直追到了洛阳城下。朱鲔逃进城里，让部下把城门关得紧紧的，不敢再出来对敌。寇恂和冯异也不急着攻城，带着大军绕着洛阳城，耀武扬威地走了一圈。

打这儿起，洛阳城里人心惶惶，过日子也不踏实，白天都关着城门。洛阳那边不安定，河内这边可就安稳多了。刘秀有了一个稳固的后方。

寇恂、冯异派人把这边的情况向刘秀去报告。

斛

斛是一种量器，也是一种古代计量单位。其大小随朝代更替有所区别。秦代之前，量器的名称复杂且不统一，“一手之盛谓之溢，两手谓之掬”。溢和掬都是最原始的容量单位。春秋战国时期，各国的容量单位都不相同，秦始皇统一度量衡后，量制以合、升、斗、斛为单位，采用十进制计数，十合一升，十升一斗，十斗一斛。

新莽嘉量

不用说，刘秀特别满意，将士们也都来向他贺喜。大家要他趁此机会当皇帝，别再帮刘玄了。刘秀听了直摇脑袋。有个将军见他这样，很着急，就理直气壮地说："大王虚心退让，好是好，可是大王就不顾宗庙社稷了吗？确定了名分，才好商议征伐大事。要不然，谁是主，谁是贼，谁应当征伐谁呐？"刘秀一看，原来是前锋将军马武。马武本来是绿林军的一个首领，也是南阳人。刘秀不但信任他，而且跟他很亲热。可是刘秀觉得当皇帝还没到时候，不肯答应。他说："将军怎么说出这种话来？论罪名可以砍头的呐。"马武不在乎地说："将士们都这么说。"刘秀说："那你就去告诉将士们，快别再这么说了。"

社稷

古代帝王、诸侯所祭土和谷之神。历代王、侯不仅祭祀社稷，并以社稷为国家的象征。古代非常重视社稷祀，明、清京师专设社稷坛，由皇帝亲自祭祀。清代社稷坛为汉白玉砌成的三层方台，坛北有木构大殿，称拜殿，是为皇帝在祭祀途中避风雨而设。1925 年孙中山的灵柩曾停放于此，故于 1928 年改名为"中山堂"。

中山堂

刘秀没当皇帝，可这时候，别的地方有好几个人已经自称皇帝了。势力最大的一个，是成都的公孙述。公孙述是茂陵（在陕西兴平东北）人，他父亲本是汉朝的官员，他也就沾光，有了一个小官的职位。王莽篡位以后，派他到蜀郡当太守，他可就有了野心，想找机会在蜀地称王称霸。

刘缜、刘秀在南阳起义的时候，公孙述就在成都招募了几万兵马，占据了一大块地盘。后来刘玄派兵去攻打，公孙述仗着兵力强大，把刘玄的人马打得大败。打这儿起，公孙述的名声更大了。他就自立为蜀王，当地的老百姓和邻近的部族全都归附了他。他的部下劝他当皇帝，他说："做帝王要有天命的，我怎么敢当呐？"他的部下李熊说："天命没有一定。现在民心归向大王，大王又有能力，还有什么可迟疑的呐？"公孙述也就不再推让，自己当了皇帝，拜李熊为大司徒，自己的兄弟公孙光为大司马，公孙恢为大司空。关中起兵的豪强，听到消息，也有不少人来归附公孙述。这么一来，公孙述就有了几十万士兵。

公孙述做了皇帝，消息一传开，可叫跟着刘秀的那一班人着急起来，他们又去请求刘秀即位。刘秀把冯异找了来，问他的主意。冯异说："刘玄的才能威望都不行，他的几个重要的大臣都跑了，他失败是一定的了。现在天下没有主儿，人心惶惶。大汉的宗庙社稷还要不要，就在于大王了。依我看，大王应当接受大家的意见。"刘秀说："可我心里老不踏实，有点怕，怕人不服我。"冯异说："那是因为大王一向做事慎重，才有这样的想法。"刘秀高兴地说："听你这么一说，我的心里踏实了，就顺着人心吧！"

公元25年夏天，刘秀当了皇帝，就是后来的汉

蜀地

蜀可指古蜀国。相传其都城在今四川成都，国境包括四川西北部及陕西南部。始称王者为蚕丛，其后古蜀国王有柏濩（huò）、鱼凫、杜宇，公元前316年为秦所灭。三星堆文化是古蜀文明的第一个高峰。秦代在此设蜀郡，秦、汉以后这块地方通称蜀地。三国时期，刘备在此称帝，国号汉，史称蜀汉。

三星堆遗址出土青铜面具

知识驿站

古人的餐桌——辅食

古人以牛、羊、豕为三牲。祭祀时三牲齐全叫太牢，只用羊、豕不用牛叫少牢。牛最珍贵，比较普遍的肉食是羊肉，所以“美”“羞”等字从羊得来，羹字有羔有美。古人也吃狗肉，并有以屠狗为职业的，汉代樊哙即“以屠狗为事”。

牺尊

青瓷羊圈

上古菜色名称

上古干肉叫脯，肉酱叫醢（hǎi）。醋，叫作醯（xī）。有了醯，就可制成酸菜、泡菜。除了脯和肉酱以外，上古还吃羹。据说有两种羹，一种是不调五味、不和菜蔬的纯肉汁，这是喝的。另一种是肉羹，把肉放进烹饪器里，加上五味煮烂。

豕尊

上古家禽

上古家禽有鸡、鸭、鹅。雁有野雁、舒雁之分，舒雁就是鹅。鸭字是后起的字，战国时代叫作鹜（wù），所以《楚辞·卜居》说：“将与鸡鹜争食乎？”鸭又叫作舒凫（fú）。

古人的饮品

古人很早就知道酿酒。殷人好酒是有名的，出土的觚（gū）、爵等酒器之多，可以说明当时饮酒之盛。不过古代一般所谓酒都是以煮烂的黍，加上曲，也就是酒母酿成的，不是烧酒，烧酒是后来才有的。

茶是我国主要的特产之一。《续博物志》说南人好饮茶，大概饮茶的风气是从江南传开的。南北朝时饮茶风气渐盛。唐宋以后，茶更成为一般人的饮料了。古代汉族不吃乳类饮料和食品。饮食乳类的习惯是从少数民族传来的。韩愈《早春呈水部张十八员外》诗称“天街小雨润如酥”，唐时汉人已逐渐习惯食用酥酪了。

光武帝。那时候他三十一岁。汉光武帝觉得把洛阳当国都最合适，就派出大军攻打洛阳。他还打发使者拿着节杖和诏书，到邓禹军中，拜他为大司徒。跟他共过事的将领们，像冯异、岑彭、寇恂、铫（yáo）期、马武、祭（zhài）遵等等，都当了大官。他那个被害的哥哥刘缜，被追封为王。

这时候，赤眉军早已进了武关，离长安越来越近了。刘玄那边已经是“火烧眉毛”，危急万分。刘秀一面加紧攻打洛阳，一面注意长安那边的动向，刘玄不行了，该琢磨怎么对付赤眉军了。

成语讲堂

争先恐后

含　义　争着向前，唯恐落后。

反义词　甘居人后

近义词　力争上游

原　文　于是商贾闻之，晨夕争先惟恐后。（宋·董煟《救荒活民书·不抑价》）

译　文　于是商人听说了，就每天从早到晚争着（往灾区售卖粮食），唯恐落后。

例　句　比赛开始了，大家争先恐后往前跑，都想赢得冠军。

攻占两京

赤眉军分成两路向西进攻长安。刘玄派兵去抵抗，接连打了几个败仗，急得他不知道怎么办才好。这时候，张卬、王匡他们也被邓禹打败了，逃回了长安。他们看刘玄撑不住了，就私下商议说："赤眉军说到就到，咱们没法在这儿待下去了，不如趁早抢些财物，回南阳去再找路子。要是南阳也守不住，咱们就到大湖里去做强盗，不愁没吃没喝。"他们就派人去见刘玄，向他说了这个主意。刘玄很生气，没答应。

张卬见刘玄不肯走，就想着发兵强迫他离开长安。他和申屠建几个人密谋，要绑架刘玄，带他离开长安。不料刘玄得到了消息，先下了手。他假装得了病，让张卬他们进宫探望，想一块儿杀掉他们。张卬他们进了宫，感觉气氛不对，连忙退了出去，只有申屠建没走，刘玄就下令杀了申屠建，又发兵去打张卬。张卬也撕破脸皮，领着手下人到长安的街市上抢了一通，又打进皇宫，要抓刘玄杀了他。刘玄抵挡不住，慌慌张张地带着妃子逃出皇宫，出了长安城，跑到老丈人赵萌的军营里。起义军就这么火并起来。

刘玄逃到赵萌那里，一想，像张印、申屠建那么受信任的将领都跟自己翻了脸，说不定还有人跟他们一样，要搞政变。他看陈牧和成丹两个人不对劲儿，就把他们召进来杀了。不想这样一来，别的将领寒了心，都冲着刘玄来了。王匡资格最老，他带着自己的部下攻进长安，与张印合在一起，要跟刘玄算账。刘玄还想挣扎一下，命令赵萌领兵反攻长安。双方你来我往，打了一个多月。王匡、张印守在城里，粮草没了，只好撤出长安，往东边跑了。刘玄又回到了长安。

这时候，赤眉军已经到了长安城外。前些日子，樊崇他们知道刘玄不行了，想另外立一个姓刘的人做皇帝。队伍里姓刘的人还真不少，一找就找出七十多个，其中有个叫刘盆子的小孩子，据说跟皇室的血统最近。他才十五岁，是给樊崇的部下看牛的，大伙儿都管他叫牛倌儿。樊崇就决定立他为天子。大伙儿让刘盆子换身衣服。他不依，还哭着不走。结果只好让他披着头发光着脚，破破烂烂地

刘盆子

汉高祖刘邦之孙城阳景王刘章之后。最初在赤眉军中牧牛，号曰“牛吏”。公元25年被起义军将领选立为帝，称帝时只有十五岁。后同丞相徐宣等三十余人向刘秀投降，献上传国玺绶。刘盆子后来因病失明，刘秀下令用荥阳的官田租税来奉养刘盆子终身。

去见樊崇。

刘盆子见了樊崇，不敢再使性，乖乖地穿上了小皇帝的衣服，戴上了小皇帝的冠冕。樊崇领着部下，共同立刘盆子为天子。文武百官向他朝见，窘得他不知道该怎么应付。一退了朝，他赶紧换上了原来的衣服，溜到外面，要跟别的牛倌在一块儿。大伙儿只好把他留在屋子里，吩咐手下人看紧了，别让他随便出去。

赤眉军就打着汉天子刘盆子的旗号，来到长安城外，准备攻城。刚巧张印和王匡带兵从长安逃出来。他们无路可走，就归顺了赤眉军，回过头来领着赤眉军打进了长安城东门。刘玄刚进长安，还没稳住劲，听说赤眉军进来了，急得没法可使，骑上马从北门逃了出去。他跑到部下严本那里，严本把他软禁起来。过了些日子，赤眉军的使者来到他跟前，传着上面的命令，叫刘玄投降。使者又说，现在投降，还可以封王，再过二十天，他要投降也不允许了。刘玄只好跟着使者到长乐宫去见刘盆子和樊崇。他光着上身，向刘盆子奉上了玉玺。刘盆子当然只听樊崇的，封刘玄为长沙王，让他住在长安。更始政权就这么完了，没多久，刘玄也被赤眉军的将领暗杀。

长安打得热闹的时候，汉光武帝正在攻打洛阳。他把朱鲔困在洛阳有好几个月了，可还是打不下来。现在听说刘玄那边完了，就派人劝朱鲔投降。朱鲔害怕当初自己主张杀刘縯的事被刘秀记仇报复，不肯降。汉光武帝知道了，给他下了保证，不但不追究，还要重用。朱鲔这才放心，加上内无粮草，外无救兵，只好带着队伍出来投降。汉光武帝让他做了将军，还封为侯。打下了洛阳，汉光武帝就把洛阳作为京都。他建的汉朝，历史上叫东汉，或是后汉。

汉光武帝住在洛阳很不放心。各地方自立为王、自立为帝的人还真不少，占据一块小地方做土皇帝的，那就更多了。要想平定天下，非把这些割据势力消灭不可。他最不放心的，还是赤眉军这一路。赤眉军占领着长安，是个大威胁，就不知道领兵西进的邓禹打的什么主意，为什么还不攻打长安呐？

邓禹不但不攻打长安，反倒带着军队越走越远了。他对将士们说："咱们孤军深入，前面没有给养，后面运粮困难。赤眉军刚进长安，正在势头上，马上和他们交战，准得吃亏。可他们人多粮少，在长安待下去，迟早是要暴动的。我探听到上

东汉

又称"后汉"。西汉宗室刘秀于公元25年称帝，重建汉朝，定都洛阳，因洛阳在西汉都城长安之东，史称"东汉"。公元184年，全国爆发黄巾大起义，随后各地军阀展开混战，东汉王朝名存实亡。公元220年，曹丕废汉献帝自立，东汉灭亡，共历十四帝，一百九十六年。

知识驿站

中国历史书籍的体例

编年体

编年体是中国古代史书的体裁之一，是按年、月、日有次序地记载史事的史书。编年体始创于春秋时代，《竹书纪年》《春秋》《左传》《汉纪》《资治通鉴》均属编年体史书。《春秋》为现存最早的编年体史书。编年体史书的优点，在于它以年月为经，以事实为纬，将同时发生的历史事件备载一处，便于比较、了解各史实之间的关系。它的缺点主要是同一事件发生和延续的时间过长，记载时就难免犯前后割裂的毛病，不能首尾贯通，历史人物的生平和典章制度也不能详述。

纪传体

纪传体是以人物为纲，以时间为纬的一种史书编纂体例，创始于汉代司马迁的《史记》。《史记》记载上起黄帝轩辕氏，下讫汉武帝天汉年间，共记述了约 3000 年的历史，共计 130 篇。纪传体也有其弊端，“一事而复见数篇，宾主莫辨”，即以人物为中心述史，但一件史事，往往与许多人物有关，而一个人物又往往只与某事的某些情节有关，存在内容重复、矛盾等缺陷。

纪事本末体

纪事本末体是以历史事件为纲的史书体裁。即把记载的内容分门别类、排列组合，归纳为一个或若干历史事件；每个历史事件独自成篇，标以相应的题目，按年月顺序记其始末，所以称为纪事本末体。纪事本末体克服了纪传体、编年体的一些不足，缺点在于同时期各事件间的联系，往往无法照顾。纪事本末体创始于南宋袁枢的《通鉴纪事本末》。

郡、北地、安定三个郡有的是粮食和牲口。咱们不如先拿下这三个郡，给养就不用愁了。等到长安乱了，再打不迟。”

邓禹带着人马，绕了个大弯儿由东往北、转西向南开拔。这时候，赤眉军在长安城里，把粮食吃光了，再也待不下去了，就想出城找个活路。可他们还能到哪儿去呐？往北，邓禹的军队扼住了北上的道儿；往东，洛阳已经成了汉光武帝的大本营；剩下的只有往西一条路了。于是樊崇带着几十万大军向西流亡，没想到那些地方跟长安也差不了多少，粮食牲口早给邓禹的军队搜刮去了。赤眉军只好再往西走，谁知道祸不单行，碰到了暴风雪，冻死了不少人马。樊崇万不得已，只好又折回长安。

这时候，邓禹的兵马趁赤眉军离开的当儿，已经进了长安城。这一年，关中一带闹饥荒，老百姓都没吃的，何况军队呐？赤眉军也不去攻城，吃饭活命要紧，就刨起汉朝历代帝王和皇后、妃子的坟来，那里面埋着不少金银、珠宝、玉器什么的。他们都想发一笔财，好回老家去。邓禹知道了，立刻发兵去攻打，想不到赤眉军还有实力，邓禹打了个败仗，连长安也丢了，慌忙退到高陵（在陕西西安北）。他怕军中粮草不够，只好向汉光武帝求援。

汉光武帝连忙派冯异带着一队兵马去代替邓禹。他嘱咐冯异说："长安一带老百姓已经穷到了极点，将军这次去征伐，要是赤眉军肯投降，就让士兵都回家去种地。最要紧的是安定人心，不要随便杀人。"冯异答应着，带着军队往西去了。汉光武帝又给邓禹下诏书说："千万别死拼。赤眉军没有粮食，一定会到东边来的。我这儿已经准备好了，你赶快回来。"

冯异到了长安，把人马埋伏好，就向赤眉军下战书，没想到第一仗就打败了。冯异带着人马来到崤山（在河南渑池西），打下埋伏。赤眉军因为缺吃的，要往东撤退，一到崤山就中了埋伏，拼死拼活打了一天，死伤了一大半。冯异让一些士兵也在眉毛上涂上红颜色，打扮成赤眉军的士兵，混进赤眉军的队伍。赤眉军正进退两难，冯异的将士们大叫大喊："赶快投降！投降不杀！"那些假装赤眉军的士兵马上响应："咱们投降！咱们投降！"赤眉军一下子军心大乱，好多人放下了武器，归顺了汉军。

剩下的十几万赤眉军由樊崇带着，向东到了宜阳（在河南西部）。冯异又火速派人报告给汉光武帝。汉光武帝连忙率领大军，在熊耳山布置好埋伏，等赤眉军一过来，就把他们团团围住。樊崇没法走脱，只好派人向汉光武帝求和。汉光武帝下令让他们投降，樊崇就带着刘盆子去见汉光武帝，奉上了玉玺，赤眉军的将士也交出了铠甲和兵器。

汉光武帝吩咐赶紧做饭，让十多万赤眉兵吃一顿饱饭。接着，他把樊崇他们带到了洛阳，给他们官做。可这些人是赤眉军的首领，十多万赤眉兵还是向着他们呐。汉光武帝嘴上不说，心里总觉得留着他们不妥当。没有几个月，樊崇也憋不住了，密谋要反叛，再打自己的旗帜。汉光武帝就拿谋反的罪名把他们杀了。

绿林、赤眉这两支最大的起义军，到这时候，都被汉光武帝收拾了。可他还是不放心，因为各地自称王、自称帝的还有不少，天下正乱着呐。这里边势力最大的，要数陇西的隗嚣（Wěi Xiāo）、河西的窦融和蜀地的公孙述。他还要一个一个地收拾。

成语讲堂

战无不胜

含　义　打仗没有不取胜的，攻一个地方没有攻不下来的。形容军队百战百胜，或做任何事情都能做成。

反义词　一败涂地

近义词　百战百胜

原　文　战无不胜，而不知止者，身且死，爵且后归，犹为蛇足也。(《战国策·齐策二》)

译　文　打仗没有不取胜的但不知道适可而止的人，自身将会战死，爵位将归于后人，就好像画蛇添足一样。

例　句　从这次比赛中我悟出一个道理：只有勤加练习，坚持到底，才能战无不胜。

得陇望蜀

隗嚣这个人，本来是成纪（在甘肃静宁西南）一带的名士，在当地有点声望。天下人讨伐王莽那会儿，他被大伙儿推举，也领头起兵，占了天水一带，势力挺大。后来他归顺了刘玄。不久，他跟张卬他们一起，要劫持刘玄，被发觉了。他就逃回天水，自称大将军，想独占一块地盘，还有了当皇帝的打算。

公元 28 年，隗嚣派将军马援为使者，去联络蜀地的公孙述。马援可不是个一般人。他是茂陵（在陕西兴平东北）人，从小就有大志向，要为国家出力。天下大乱以后，他到西边避难，就在隗嚣手下当了将军。可他心里觉得隗嚣成不了大事，还在等着明主的出现。这回，他到了公孙述那里，就想看看公孙述怎么样。公孙述让文武百官列队欢迎他，排场挺讲究，仪式也挺隆重。公孙述跟马援没讲几句话，就叫手下人拿出衣帽来，要封马援做自己的

隗嚣

公元 23 年，绿林起义军建立更始政权后，隗嚣跟随叔父隗崔等起兵，杀新莽雍州牧。新莽败亡后，又攻夺陇西、武都、酒泉、敦煌、张掖、金城、武威等郡县。更始二年归附更始政权，建武二年归附刘秀，但是内心图谋反叛，试图割据一方。光武帝讨伐蜀地公孙述时，隗嚣向公孙述称臣，作为他的外援。大将王遵等率军队投降于东汉，隗嚣因此忧愤而死。

大将军。他大模大样地坐着，等着马援谢恩。没想到马援不吃这一套，当时就婉言推辞了。

马援回去以后，对隗嚣说：“公孙述自高自大，就像只井底的蛤蟆，咱们不如向着东方吧。”隗嚣又派他去洛阳见汉光武帝刘秀。

汉光武帝听说马援到了，穿着便衣，也不带卫士，就在宫殿里欢迎马援。他带着笑脸对马援说：“您在两个皇帝之间奔波，我真觉得有点过意不去。”马援说：“天下还没定下来，不但做君王的要挑选臣下，做臣下的也得挑选君王呐。”汉光武帝猜不透他是什么意思，乐了乐，不说话。马援接着说：“我跟公孙述是同乡，从小挺要好。这回我去见他，他布置了武士，还让我一步一步走上台阶去跟他相见。今儿个，我刚到这儿，您就接见我，好像见着老朋友似的，没一点防备。您怎么知道我不是刺客呐？”

汉光武帝笑着说：“您不是刺客，可能是说客。”马援说：“如今天下乱糟糟的，称王称帝的不少。今儿见您这么豪爽，真像见到了高祖一样。”两个人越谈越投机。马援心里打定了主意，要劝隗嚣归顺汉光武帝。汉光武帝也打发来歙（xī）送马援回去。

说客

指善于劝说的人，又可指替别人做劝说工作的人。历史上有名的说客有纵横捭阖的苏秦、张仪，有能言善辩的古代外交家晏子，有舌战群儒的诸葛亮。

来歙到了隗嚣那里，隗嚣按规矩挺客气地招待来歙。来歙劝隗嚣上洛阳去见汉光武帝，说只要他肯去一遭，一定能得到很高的爵位。隗嚣一想，这不是叫他当刘秀的臣下了吗？他可不愿意干，就借个理由推辞了。

隗嚣送走了来歙，就把学问家班彪（史学家班固的父亲）找来，跟他谈论起秦汉兴亡的历史，想听听他的主意。班彪一听就明白了，隗嚣是借古论今：姓刘的既然可以代替秦朝做皇帝，不是姓刘的为什么不能代替汉朝做皇帝呐？班彪心里想，隗嚣才能一般，可不是汉光武帝的对手，就劝他不要和汉光武帝去争天下。隗嚣一心想当皇帝，怎么肯听他的劝告呐？班彪再待下去也没有滋味儿，就找个来由辞了职。

驻守河西（在河西走廊一带）的窦融也一直观察着，没拿定主意拥护谁。他和班彪是同乡，听说班彪离开了隗嚣，就打发使者把他接了来，挺虚心地向他请教。班彪劝他去归顺汉光武帝。窦融早就听说刘秀这个人挺能容纳有本事的人，只因为河西离着洛阳路远，没能和他来往。这回他就听了班彪的话，写了一个奏章，打发使者上洛阳去见汉光武帝。汉光武帝立刻拜窦融为凉州牧（牧就是州长），

班彪

班彪是东汉建立前后的名儒，尤其专心于史学，认为司马迁《史记》之后的史学作品大多鄙俗，所以亲自博采史料，撰写《史记后传》六十五篇。现在《汉书》中的《元帝纪》《成帝纪》都是班彪原作。班彪的子女班固、班超、班昭都是历史上的名人。

还给窦融写了一封信。信里面说："现在益州（蜀地）有公孙述，天水有隗嚣，将军的地位举足轻重，帮谁，谁的力量就大。如今有人主张分割天下，各自为王，要知道即使中国的土地可以分割，中国的人是不能分割的。将军能够上为国家出力，下为百姓着想，我非常感激。"汉光武帝安定了河西这一头，又让来歙再去见隗嚣，请他一起去征讨西蜀的公孙述，还答应成功之后分给他土地。隗嚣不干，他心里明白，公孙述要是给消灭了，自己在陇西还站得住脚吗？他对来歙说："我力量本来就薄弱，还要防备着北方的匈奴，哪儿能分出兵来帮你们去打蜀地呐？"可是汉光武帝的势力越来越大，他不能不赔个小心，就打发他儿子跟来歙去洛阳，还叫马援全家也跟了去。

到了公元 30 年，汉光武帝又写信给隗嚣和公孙述，要他们归附汉朝，实现全国的统一。公孙述不但没回答他，还发兵进攻南郡。汉光武帝要试试隗

凉州

西汉武帝时期设置，为十三刺史部之一。汉代所指的凉州，在地域上约相当于今天的大西北范围。《汉书·地理志》称其地"水草宜畜牧，故凉州之畜为天下饶"。

嚣是不是向着公孙述，特意请他一同去攻打蜀地。隗嚣耍了个滑头，回答说："公孙述性子急躁，弄得上下不和，不如等他恶贯满盈了，再去征伐。"汉光武帝心里明白了，他就亲自到长安，发兵向成都进攻，但暗地里防着隗嚣。隗嚣果然沉不住气了，他派兵占领了陇山底下的几个城，还发兵进攻关中，正好碰上征西大将军冯异，吃了个大败仗。

隗嚣正在为难，马援来信了，责备他不该反复无常，劝他及早回头，归附汉光武帝。隗嚣火了，调动人马，准备再跟汉兵交战。马援带着五千骑兵，在隗嚣的队伍中来来往往，劝将士们归附汉朝，就有一些将士听了他的话，离开了隗嚣。隗嚣见人心大变，只好写信向汉光武帝求和。汉光武帝这会儿就不再那么客气了，回答说："空话我也听烦了，或是真心，或是假意，随你的便。"隗嚣知道汉光武帝已经看透了他，就投降了公孙述。公孙述封他为王，还派兵去帮他对抗汉朝。

公元 32 年，汉光武帝亲自带兵去征伐隗嚣。凉州牧窦融率领着好几万骑兵和步兵，来跟汉光武帝的大军会齐。汉兵的声势大，没费多大的力气就把隗嚣打败。隗嚣带着妻子逃到了西城（在甘肃天水西南），公孙述派来的救兵逃到了上邽（在甘肃天水；邽 guī）。汉光武帝再一次写信叫隗嚣投降，保他父子相会。隗嚣铁了心，还是不降。汉光武帝就把他那个做抵押的儿子杀了，留下冯异等将军继续围住西城和上邽攻打，吩咐凉州的人马回去，自己也回洛阳去了。

汉光武帝在路上给围攻西城和上邽的将军们写了一封信，信上说："这两个城要是打下来了，你们马上带领兵马往南去征伐蜀地。人的毛病就在于不知足，我的毛病也在于'得陇望蜀'（平定了陇右，又希望去平定蜀地）。每发一回兵，我的头发胡须总要白一些。可是不这么干，天下怎么能够统一呐？"

隗嚣给围困在西城里，他闷闷不乐，第二年就害病死了。他的部下立他的儿子隗纯为王，继续抵抗汉军。又过了一年，隗纯支持不住，只好投降。可是这时候，"大树将军"冯异也病死在军营里。汉光武帝曾经当着大臣的面称赞冯异，说他为汉朝重建有"披荆斩棘"的功劳，不料他死得太早了。

陇右平定了，汉光武帝就集中兵力去对付蜀地。公元 36 年，汉军大破蜀兵，进攻成都，公孙述受重伤死了，他手下的将领就献出成都，投降了。这么一来，汉光武帝得了陇地，又得了蜀地，平定天下的心愿总算是实现了。

知识驿站

光武中兴

公元8年，王莽篡政，西汉灭亡。在经历了王莽“新政”，绿林、赤眉起义等长达17年的混乱后，光武帝刘秀统一全国，建立东汉。

完善政治机构

鉴于西汉时期权臣当政的教训，刘秀竭力削减权臣特别是三公的权力，把大司徒、大司空的大字去掉，将大司马改为太尉，并且把三公的部分权力转移到原本掌管文书出纳的尚书台。刘秀通过尚书台管理国家，却在官职等级上将尚书台的地位安排得很低，他认为这样就可以杜绝臣子们作威作福了。在地方的管理上，刘秀安排刺史监督地方州郡，直接听皇帝安排，从而加强了皇帝对地方的统治。

减轻田租

为了减轻百姓负担，缓和民众的不满，刘秀于公元 30 年减轻田租，从“什一之税”改为“三十税一”，即从把一年收成中的十分之一上交国库到只需交三十分之一。同时开源节流，组织军队开垦耕作，补足军队粮草的空缺；撤销合并了四百多个县，裁减了一大批官吏，尽可能减少不必要的支出。

恢复税收

经历了几十年的战争，东汉户口、土地方面的信息都变得非常混乱了。为了重建国家秩序，公元 39 年，刘秀下令重新统计户口，测量田地，这就是度（duó）田制。然而，政策实行却遇到了许多阻碍。第一是地方官为了中饱私囊，瞒报户口和田地，第二是地方豪族因为失去了巨大的利益而再次叛乱。刘秀采取了各种措施之后才解决了这些问题，保证了国家重建的财力和人力。

五铢钱铜范

解放奴婢

王莽时期有许多人因为触犯律法而被贬为奴婢，此外，在新政中失去土地的农民为了活下来，也不得不将妻子儿女卖为奴婢。刘秀先后九次颁布释放奴婢和禁止虐杀奴婢的命令，将王莽时期因触犯律法被贬为奴的民众全部赦免，恢复了他们的平民身份。这样一来消解了农民、奴婢这些底层人民的不满，稳定了王朝的根基。

汉光武帝等到大军回来，就开了一个庆功大会，大封功臣。他想起当年汉高祖多么重视张良和萧何，可惜那个“赛萧何”寇恂已经在前一年死了。邓禹虽然抵不上张良，可是告诉他怎样统一中原，随时劝他注重纪律、收拢民心的还是他。因此，汉光武帝把他当作第一号功臣，封为高密侯。别的功臣也都按照功劳大小，给他们不同的爵位和赏赐。已经死了的功臣，就封他们的子孙。

平定了陇地和蜀地，二十年来乱糟糟的中原又统一起来了。汉光武帝已经打败了所有的敌手，他打算把内政好好地整顿一番，让国家再强盛起来。

成语讲堂

得陇望蜀

含　义　陇：甘肃东部；蜀：四川中西部。得到了陇还要得到蜀。比喻贪得无厌。

反义词　适可而止

近义词　得寸进尺

原　文　人苦不知足。既平陇，重望蜀。(《东观汉记·隗嚣传》)

译　文　人的烦恼在于不知道满足，已经平定了陇西，还想攻取巴蜀。

例　句　这个恶霸占了王家的宅之后，又得陇望蜀，想占有张家的田地。

种地钓鱼

汉光武帝整顿内政从两方面着手：一方面节省朝廷的开支，一方面减轻老百姓的负担。打了这么多年仗，各地人口减少。他就下了一道诏书，要按着实际情形合并一些县，裁减一些官员。这么一来，人口不多的县合并了四百多个，十个官吏裁去了九个，只留下一个，公家的开支就大大地减少了。就在那一年年底，汉光武帝又下了一道诏书，说前几年军费开销大，田租一直是按产量的十分之一征收的，现在粮食凑合着有些积蓄了，从当年起恢复原来的制度，仍旧征收三十分之一。这个办法大大减轻了老百姓的负担。局势安定了，汉光武帝的皇帝座位也就稳当了。

汉光武帝一面整顿内政，一面尽力搜罗天下的人才。他打发使者到各地访问名士，邀请他们到朝廷里来做官。结果真就来了不少，可有的名士有怪脾气，他们愣是不来。汉光武帝也有他的怪脾气，人家越不肯来，他越要人家来，反复地派人去请。

太原有个名士叫周党，禁不住使者的催促，只好坐着车马来了。他穿着旧衣服，戴着破头巾，到了朝堂上，气呼呼地往地上一趴，怎么也不肯磕头，更别说叫一声“皇上”了。汉光武帝请他做官，周党才不稀罕做官呐。他说：“我是个乡下老百姓，不懂朝政，放我回去吧！”大臣们见他这么傲慢，都很不服气。汉光武帝拗不过他，只好说：“从古以来，就是再贤明的君王，也有人不肯做他的宾客。周党不肯做官，各人有各人的心意，送他四十匹帛，让他回去种田吧！”

周党总算还来了一趟。还有的假装害病，干脆不来；有的隐姓埋名，逃到小村里去了。这些人中间，最出名的要数严光了。严光也叫严子陵，是会稽人，小时候跟汉光武帝同过学，两个人挺要好。汉光武帝当了皇帝以后，就老想着他。可人家早就更名改姓隐居起来了，谁知道上哪儿去找呐？

严子陵

严子陵少年便颇有名气，曾经与刘秀一起学习。刘秀称帝的时候，严子陵更名改姓隐居起来。虽然后来被邀请到京城，与光武帝论道，授予谏议大夫的职位，严子陵仍旧选择归耕于富春山。

汉光武帝就把严子陵的长相详详细细说了一遍，吩咐画工画一张像。画工按照他说的画了个大概，汉光武帝拿来一看，还真像严子陵，就叫画工照样又画了几张，派人把这些画像分送到各郡县，叫官吏和老百姓寻找严子陵。隔了不多日子，齐国上书给汉光武帝，说那边有个男子披着羊皮，老在河岸上钓鱼，相貌有几分像严子陵，可不知道是不是他。汉光武帝马上派使者准备了上等的车马，到齐国去接他。

使者见了严子陵，奉上礼物，请他上车。严子陵推辞说："你们看错了人啦，我是打鱼的，不是做官的。礼物拿回去，让我安安静静地过日子吧。"使者哪儿肯听，死乞白赖地把他推上了车，飞一般地送到京都来了。

汉光武帝特意准备了一所房子，派了好些手下人去伺候他，还亲自去看他。严子陵听说皇上来了，脸朝里躺在床上，只装不知道。汉光武帝走过去，摸摸他的肚子说："喂，子陵，你怎么啦？不愿意帮帮我吗？"严子陵翻过身来，盯了他一眼，说："你当你的天子，我当我的百姓，各人有各人的心意，你逼我干吗？"汉光武帝叹了一口气，说："子陵，我真不能收服你吗？"严子陵听了，更不理睬他。

汉光武帝再三请他搬到宫里去住，对他说："我们总还是朋友吧。"严子陵这才答应他到宫里去一趟。那天晚上，汉光武帝跟他睡在一起。严子陵故意打着很响的呼噜，还把大腿压在汉光武帝身上，

汉光武帝不动气，就让他压着。第二天起来，汉光武帝问他："我比从前怎么样？"严子陵回答说："好像好一点。"汉光武帝乐得大笑起来，当时就要拜他为谏议大夫，严子陵可怎么也不干。他说："你让我走，咱们还是朋友；你逼着我，反倒伤了和气。"汉光武帝没了辙，只好让他走了。

严子陵已经露了面，不必再躲起来，也不更名改姓了。他就回到家乡富春山（也叫严陵山，在浙江），种种地，钓钓鱼，过着悠闲的生活。富春山旁边就是富春江，江上有个台，据说就是当年严子陵钓鱼的地方，所以称为严子陵钓台。

严子陵不愿意做官，他清高的名望越来越大，在历史上留了名；汉光武帝能够这么低声下气地对待朋友，他谦恭下士的名望也越来越大。这一来，两个人的地位都抬高了。汉光武帝收服不了名士，可对那些有战功的将军们，倒很有一些办法。

富春江

富春江是中国钱塘江上游河段，西起浙江省桐庐西，东至杭州市萧山区，是钱塘江在这一段的别名。黄公望曾寓居浙江富阳，以富春江为背景，创作了《富春山居图》，布局严整，画风雄秀，对后世山水画影响很大。

知识驿站

东汉的豪强地主

东汉的豪强地主，史书中往往称为“豪强”“大族”“强宗”“豪右”“大姓”等。豪强以一个大家族为中心，聚集许多宗族、宾客、奴婢等合成一个豪族单位，这些宗族、宾客、奴婢等有着极强的依附性。

东汉的豪强地主

豪强产生于秦汉时期，而它真正的黄金发展期却在东汉，这是因为东汉政权就是依靠这些大姓豪族而创建的。西汉末年，王莽乱政，汉室皇族的势力不足以平定天下了，作为汉室皇族的一员，光武帝刘秀为了重整汉家天下，不得不借助当时已经开始发展起来的地主豪强势力。正是在这种情况下，地主豪强势力开始不受限制地疯狂增长起来。

从豪强地主到军阀混战

东汉政权从一开始就建立在豪强宗法势力统治的基础上，这也使得东汉王朝的地方宗法势力不断发展，以至于控制了地方政治、经济、军事力量，是造成严重的封建割据，形成军阀混战、三国分立的重要原因。

规模巨大的田庄

经过数十年甚至近百年的土地兼并，东汉豪强地主的田庄规模巨大。豪强的田庄以农业为主，兼营林、牧、渔各业，还有手工业或商业和高利贷的活动，生产和生活都能自给自足。

东汉地主往往以宗族为核心聚族而居，社会动乱时，每个田庄就是一个坞堡。田庄主既是占有整个庄园的大地主，又是宗族族长。春耕秋收的前后都会以宗主的名义对族人进行安抚慰问，田庄内部显示了较强的凝聚力。

豪强地主还拥有私人武装，主要由依附农民中的青壮年男子组成，称为“部曲”或者“家兵”，其任务是看家护院，后来转变成豪强地主镇压农民起义和拥兵割据的武装力量。

成语讲堂

清心寡欲

含　义　清心：使内心无杂念；寡欲：使欲望减少。尽量控制自己的欲望，使内心保持清静。

反义词　贪得无厌

近义词　淡泊明志

原　文　清真寡欲，万物不能移也。（南朝宋·刘义庆《世说新语·赏誉》）

译　文　（他）纯真朴素，私欲很少，万事万物都不能改变他的品格。

例　句　他自从生意亏损后，一直过着清心寡欲的生活。

宁死不屈

平定蜀地的大军回来那一年，汉光武帝已经四十三岁了。他二十八岁起兵，十五年当中，差不多没有一天不是过着军队的生活。豪强争夺地盘，打了这么多年仗，老百姓早已恨透了。汉光武帝也决心让天下休养生息，不愿意再谈起打仗的事。有一天，皇太子刘彊（郭皇后的儿子；彊 qiáng）问他怎么打仗，他趁着立过大功的将军们都在面前，回答儿子说："这种事，你还是不问的好。"

邓禹和贾复听出他话里有话。如今天下平定，用不着打仗了，当然也用不着他们这些功臣们老带着大军住在京师里。他们就顺着汉光武帝的意思，请求让他们解散军队，去研究学问。汉光武帝当时就答应了。别的功臣听说了，也纷纷交还了将军的大印，不再参与朝政，各回各的封地享受富贵去了。只有邓禹、李通、贾复三个，还被留在朝廷里。汉光武帝对待功臣十分宽厚，即使功臣犯了点小过失，他闭闭眼睛也就过去了。外地进贡来什么好东西，他经常分赐给功臣们，宁可自己不要。

帮汉光武帝打天下的功臣都回到封地去了，可皇亲国戚都住在洛阳。他们当中有喜欢摆谱的，仗着皇帝的势力，要怎么着就怎么着，连他们的奴仆也在京城里横行不法。这叫当洛阳令的董宣很不好办。

汉光武帝有个姐姐叫湖阳公主。她有个奴仆在外头杀了人，躲进了公主府。董宣不能闯进公主府去找杀人犯，只好一天又一天地等着那个奴仆出来。这一天，湖阳公主坐着马车出来了，跟着她的正是那个杀人犯，董宣就带着人上去逮。湖阳公主火了，说董宣不该拦住她的车。董宣拔出宝剑往地上一划，当面责备公主不该放纵奴仆杀人。他叫手下人把那个杀人犯拉下车来，宣布了罪状，当场就杀了。

湖阳公主哪儿受得了这个气，她连忙赶进宫去，向汉光武帝哭哭啼啼诉说董宣怎样当众欺侮她。汉光武帝一听也火了，直怪董宣不该冲撞公主。他立刻召董宣进宫，吩咐左右拿着鞭子，要当着湖阳公主的面责打董宣，给姐姐出气。董宣说：“用不着打，皇上让我把话说完，我情愿死！”汉光武帝怒气冲冲地说：“你还有什么说的？！”董宣

洛阳令

令是汉朝继承秦朝的官制之一。县的位置不同，县令的地位也有所不同。东汉时，刘秀定都洛阳，所以“洛阳令”就是国都洛阳的行政长官。与一般的县令相比，洛阳令有较高的权限，地位也更高一些。

说："皇上是中兴之主，一向注重德行。如今皇上让长公主放纵奴仆杀人，怎么还能治理天下呐？用不着打我，我自杀就是了。"说着，他就挺着脑袋向柱子上撞，撞得头破血流。

汉光武帝一听，明白理在董宣那儿，急忙叫左右把他拉住，只要他向公主磕个头，赔个礼也就算了。董宣是个倔脾气，宁可砍脑袋，也不肯磕这个头。左右使劲把他的脑袋往下按，他两只手使劲撑住地，梗（gěng）着脖子硬不让他们按下去。汉光武帝气也不是，笑也不是，实在佩服董宣，只好放他走了。

湖阳公主还窝着一肚子火儿。她对汉光武帝说："你当年在家乡，也窝藏过犯死罪的人，官吏不敢上门来搜查。现在你做了天子，反倒对付不了一个小小的洛阳令了吗？"汉光武帝笑着说："就因为我做了天子，不能再那么干了。"他一面劝姐姐回去，一面称赞董宣，还赏了他三十万钱。董宣把这三十万钱都分给他的手下人。董宣不怕豪门贵族，威望震动了整个京师。从此以后，人们都叫他"强项令"（强项，就是硬脖子）。

这样执法如山的官吏，除了洛阳令董宣以外，还有个看城门的小官，叫郅恽（Zhì Yùn）。有一天，汉光武帝带着人马出城去打猎，回来天早就黑了。他们来到东门外，城门已经关得严严实实。士兵们叫看城门的赶快开门。郅恽说："起了更就关城门，是皇上立下的规矩，谁也不能破这个例。"汉光武帝亲自来到城下，让郅恽看个明白，吩咐他快开城门。郅恽回答说："夜里看不清楚，不能随便开门。"汉光武帝碰了钉子，只好绕到东中门进了城。第二天，郅恽上书说："皇上跑到那么远的山林里去打猎，白天还不够，直到深夜才回来。这么下去，国家社稷怎么办？"汉光武帝看到了他的信，不能不说他讲得有理，就赏他一百匹布，还把那个管东中门的官员降了级。

宵禁

中国古代绝大多数时期都有关于宵禁的法令。每到黄昏，城门闭锁，各居民区也封闭起来，如无要事不得在街上行走，否则要予以处罚。唐长安城宵禁极为严格，皇城外的东西两市、百余个里坊，坊和市的四周都被墙封闭，晚间坊门关闭，坊内居民便无法出入。

汉光武帝对手下官员该宽就宽，该严就严，君臣之间相处得不错。可他对郭皇后挺不满意，就想换一个皇后。原来，他早先娶了个妻子，叫阴丽华。阴丽华是富人家出身，长得别提多好看了，神态特别端庄，是出了名的美人儿。刘秀暗地里对朋友说："娶媳妇儿就得是阴丽华那样的。"后来，他果然遂了心愿，两个人一直挺和美。直到刘秀到河北打天下以后，有了当皇帝的念头，好些人就劝他要和汉室贵族结亲，娶个汉室后代的女子为妻，这样贵族们都会支持他。刘秀答应了，相中了贵族女子郭圣通，热热闹闹地把她娶过来。这么一来，阴丽华反倒成了偏房。刘秀当了皇帝，也就立郭圣通为皇后，阴丽华为贵人，立郭皇后的长子刘彊当了太子。

汉光武帝觉着怪对不住阴丽华的，阴丽华倒挺大度，没计较这事。这一来，汉光武帝就更喜欢她了，总愿意和她在一起。郭皇后看着，心里哪有好受的呐？她时不时就说些不满的话，有时候还跟皇帝吵起来。日子一长，汉光武帝就动了换皇后的心思。公元 41 年，汉光武帝宣布把郭皇后废了，改立阴丽华为皇后。可他还让郭圣通住在皇宫里，待遇也挺高，所以没出什么乱子。太子刘彊知道母亲被废，自己的地位也保不住，不知道怎么办好，就

知识驿站

东汉后期的清议之风

从汉武帝开始，政府开始重视儒学思想，提倡经学，儒学成为社会的主流思想，社会上出现了大批具有较高修养的儒生。

东汉清议之风的形成

东汉后期，宦官与外戚交替专权，社会危机日益深重。面对黑暗的社会现实，一些正直士人以愤懑之情讥议时政，品评人物。这一时期，太学生已发展到三万余人，各郡县的儒生也很多，他们上进无门，就与官僚士大夫结合，在朝野形成一个庞大的官僚士大夫反宦官专权的社会政治力量，由此而形成了汉末“清议之风”。他们从品评人物发展到议论国事，对东汉后期的政治产生了巨大影响。

左右朝堂舆论

清议是中国古代历史上一种独具特色的文人参与政治的形式。一批品行清白、能激浊扬清、标榜正义和不畏权贵的人，他们主张正义、抨击奸邪。郭泰、贾彪为首，与太尉陈蕃、司隶校尉李膺（yīng）、议郎王畅互相褒崇。太学生推崇李膺等人：“天下模楷李元礼，不畏强御陈仲举，天下俊秀王叔茂。”于是清议之风大起，朝中公卿大臣都害怕遭到士人贬议，希望得到太学生们的褒奖。

清议变质

清议虽然未能挽救东汉走向衰败灭亡，但对士大夫的仕途进退有很大的影响。东汉选举官员的主要依据是其在乡间的声望。清议又用于品评人物，善于清议的人一般被认为是天下名士，他们对人物的褒扬或贬斥能在很大程度上影响这个人物的乡间声望。所以太学生清议的内容在反对宦官专权的斗争中，有激浊扬清的作用。但清议发展到后期，士大夫为了自己有高的乡间声望，开始沽名钓誉，背离了清议的初衷。

去请教大臣郅恽。郅恽劝他辞去太子，好好奉养母亲。刘彊听了他的话，就请求辞去太子位子。汉光武帝挺痛快地答应了，改立阴皇后的儿子刘阳（后改名刘庄）为皇太子。刘彊给改封了东海王，安安静静地守着母亲郭圣通过日子去了。

汉光武帝靠打仗平定了天下，靠政策稳定了国家，文的武的都干得挺好。国家又出现了繁荣局面，人们把那些年叫“光武中兴”。公元 57 年，汉光武帝六十三岁了。那年二月里，他害了重病，没过几天就死了。太子刘庄即位，就是汉明帝。

光武中兴

刘秀即位之初，采取休养生息政策，后又逐步加强中央集权，妥善安置功臣，禁止外戚、宦官干政，削弱地方兵权，扩充中央直接统辖的军队。汉光武帝统治期间，社会生产发展，专制主义中央集权得到加强，史称“光武中兴”。

成语讲堂

宁死不屈

含　义　屈：屈服。宁可牺牲生命，也不屈服。

反义词　贪生怕死

近义词　至死不屈

原　文　以大义拒敌，宁死不屈，竟燎身于烈焰中。（明·赵弼《宋进士袁镛忠义传》）

译　文　凭民族大义抗击敌人，宁可牺牲生命，也不屈服，最终被烧死在大火中。

例　句　革命志士面对侵略者的拷打，宁死不屈。

取经求佛

汉明帝登基后第七年，皇太后阴丽华害病去世。汉明帝很爱他母亲，他再也见不到母亲，心里没着没落地难受，晚上老睡不着觉。有一个晚上，他做了一个很奇怪的梦，梦里看见一个金人，头顶上有一圈白光，一闪一闪地在宫殿里摇晃着。汉明帝正要问他是谁，从哪儿来，那个金人忽然升到天空，往西去了。汉明帝吓了一跳，醒了，擦了擦眼睛一瞧，什么也没有。蜡台上那支蜡烛正一闪一闪地摇晃着。他对着蜡烛出了一会儿神，天也就亮了。

汉明帝把这个梦告诉了大臣们。大臣们都说不上那个头顶发光的金人是谁，更没法说这个梦是凶是吉。汉明帝说："听说西域有位神叫作'佛'。我梦见金人是往西去的，说不定就是佛。"博士傅毅说："皇上说得对！佛是西方的神，还有佛经呐。从前骠骑将军霍去病征伐匈奴，带回来休屠王供奉的金人，据说那个金人是从天竺国传到休屠国去的。

武皇帝把金人供养在甘泉宫里，后来打了这么多年仗，金人不知哪儿去了。皇上梦见的金人，准是天竺那边来的佛。”汉明帝听了这番话，觉得挺有趣儿，就派蔡愔（yīn）和秦景往天竺去求佛经。

天竺也叫身毒（Yuāndú），是佛教创始人释迦牟尼降生的地方（释迦牟尼生在尼泊尔，现在的尼泊尔和印度在古时候总称为“天竺”或“身毒”）。他生在公元前 557 年，本来是个小国的太子，从小在宫里享受荣华富贵。后来长大了，他看到衰老的人和害病的人那种苦恼劲儿，心里挺难受，更别提看到死人了。他觉得人生就是痛苦，还不如不生在世上好。要是没有“生”，就没有“老”，没有“病”，也没有“死”了。做了人，谁都逃不了生、老、病、死。他越想越不是味儿。有什么方法可以摆脱人生的痛苦呢？他下了决心，离开了王宫，到山里去静修。经过十六年的沉思默想，他创设了一个宗教，就是佛教，也叫释教。他宣传物质是暂时的，精神是不灭的；一切事物，有因必有果，所以行善作恶，都有报应；生物从人类到昆虫，都是平等的，所以做人要以慈悲为本，不可杀害一切有生命的东西。当时天竺还是奴隶社会，受苦的人特别多。许多人听了他的这些话，还居然都相信了，佛

释迦牟尼

佛教创始人。释迦牟尼是尊称，释迦为部族名称，释迦牟尼意为“释迦族的圣人”。本名为悉达多，姓乔答摩。又常被称为“佛陀”“释尊”“世尊”等。佛陀是人类历史上影响最为深远的思想家之一。

教就这样很快地传开了。释迦牟尼的弟子还把他的话记载下来，编成了十二部佛教经典。

蔡愔和秦景经过了千山万水，历尽了千辛万苦，终于到了天竺国。天竺人很欢迎中国派去的使者。蔡愔和秦景在天竺学会了当地的语言和文字。天竺有两位有学问的佛教徒，一个叫摄摩腾，一个叫竺法兰，也学会了中国的语言文字，帮助蔡愔和秦景懂得了一点佛教的道理。蔡愔和秦景邀请他们到中国来，他们同意了。这么着，蔡愔和秦景带着两位天竺僧人，还有一幅佛像、四十二章佛经，回到中国来了。

据说，他们用一匹白马驮着佛经，好容易经过西域到了洛阳，安顿在东门外的鸿胪寺里。蔡愔和秦景朝见汉明帝，呈上了佛像和佛经，引见了两位僧人。汉明帝挺高兴地接见了两位天竺僧人。

汉明帝看了佛像，也记不清是不是梦里看见的金人，翻了翻佛经，一个字也不认识。摄摩腾和竺法兰给他讲了一段，他也听不明白，只是跟着点头。他吩咐人修理鸿胪寺，把佛像供在里面，请两位天竺僧人主持佛教的仪式。那匹驮佛经的白马也养在里面，鸿胪寺后来就称为白马寺。

汉明帝听不懂佛经，王公大臣也不相信佛教。

鸿胪寺

中国古代官署名，主要掌朝会仪节、迎宾等。汉朝改秦代典客为大行令，汉武帝时又改名大鸿胪。鸿胪，本为大声传赞、引导仪节之意，大鸿胪主外宾之事。到了北齐，设置鸿胪寺，后沿置。南宋、金、元不设，明清复置，主官为鸿胪寺卿。唐代长安城内设有鸿胪寺，负责接待外国使节。唐章怀太子墓壁画《客使图》正是描绘外国使节会见太子前由唐朝鸿胪寺官员引导进入的一刻。

唐章怀太子李贤墓东壁《客使图》（局部）

白马寺

中国最早的佛教寺院。在河南洛阳东郊，是东汉时为了接待西来的僧侣而修筑的。一说因为由白马驮着经书来到洛阳，所以叫作白马寺。

大伙儿只把白马寺里的佛像、佛经和两位僧人当作外国传来的新鲜玩意儿，觉得好玩儿就去看看，谁也不怎么重视。只有楚王刘英特别感兴趣。刘英是汉明帝的异母兄弟，封王之后，一直住在封地（在江苏徐州一带）。他派使者来到洛阳，向两位僧人请教。两位僧人就画了一幅佛像，抄了一章佛经，交给了使者，还告诉他怎么样供佛，怎么样拜佛，怎么样祈祷。使者回到楚国，照样说了一遍。

刘英就把佛像供在宫里，早晚礼拜祷告，求佛祖保佑他“逢凶化吉、遇难成祥”。他打着信佛的幌子结交方士，刻制图文作为“符命”，说自己应该做皇帝。刘英这里还没动起来，早有人向汉明帝告发了，说楚王刘英谋反，应当处死。汉明帝派人调查属实，就废了刘英的爵位。刘英只好自杀，佛祖也救不了他的命。

汉明帝供奉佛像的事儿，一些儒生本来就不

知识驿站

两汉时期的科学技术

由于社会生产的不断发展和历代研究的不断积累，汉代的科学技术发展取得了显著的成果，出现了张衡、张仲景等一批很有成就的科学家、医学家。

天文地理

在汉武帝时期，天文学家创制出中国第一部较完整的历书“太初历”，开始以正月为岁首。在宇宙空间的探索方面，西汉关于太阳黑子的记录，被世界公认为是有关太阳黑子的最早记录。西方一直到近代的时候，伽利略才用望远镜观测到太阳黑子。

到东汉时，张衡对月食做了最早的科学解释。他发明制作的地动仪，可以遥测千里以外地震发生的方向，比欧洲早一千七百多年。尽管地动仪不能预测地震的到来，但在交通不便、信息不通畅的古代，能够较早地知道地震的方向对于救灾是有很大帮助的。

四神天象图

医学

先秦至西汉间成书的《黄帝内经》是我国现存较早的重要医学文献，《黄帝内经》的出现，奠定了中医学理论的基础。此外，在汉朝有名的医学著作中，还有中国第一部完整的药物学著作《神农本草经》和东汉张仲景的代表作《伤寒杂病论》。在医学家中，有两名医生名扬四海，一名是东汉名医华佗，擅长外科手术，发明的麻沸散比西方早一千六百多年；另一名是东汉名医张仲景，被称为“医圣”。

数学

汉朝时期有两本对后世影响很深远的数学著作《周髀（bì）算经》和《九章算术》。《周髀算经》原名《周髀》，是中国最古老的天文学和数学著作，唐初规定《周髀》为国子监明算科的教材之一，改名为《周髀算经》。《九章算术》是中国古代张苍、耿寿昌所撰写的一部数学专著，成于公元 1 世纪左右。《九章算术》内容十分丰富，全书总结了战国、秦、汉时期的数学成就。《九章算术》是当时世界上最简练有效的应用数学著作，它的出现标志着中国古代数学形成了完整的体系。

赞成，可又不便反对。如今出了楚王刘英谋反的事儿，他们正好借这个机会请汉明帝专门尊重儒家。汉明帝本来也不相信佛教，就在南宫办了一个太学，让贵族子弟专心学习儒家经典，特别是《孝经》。他想，要是人人都顺从父母，还会有谁来夺他的皇位呐？他还特地到鲁地去祭奠孔子，亲自到太学去讲《孝经》。

汉明帝办太学，注重文教，果然培养了一些喜欢读书写文章的名士。可也有一个书香子弟，居然抛了书本，扔了笔杆。他就是班彪的儿子班超。

符命

指天降祥瑞，以示帝王受命的符信。相传文王之时“赤乌衔丹书集于周社”，是周王朝受命之符。西汉末年谶纬兴起，王莽利用符命篡权，从此符命之说大盛。

成语讲堂

讲经说法

含　义　指讲论宗教书典，宣传宗教教义。也指引经据典地谈说议论。

近义词　引经据典

原　文　不听我佛讲经说法，起一念思凡之心。（元·郑廷玉《忍字记·楔子》）

译　文　（他）不听佛祖讲论宗教书典，宣传宗教教义，反而起了思念凡间的念头。

例　句　上次去寺庙参观，我正好遇着住持在讲经说法。

投笔从戎

班彪当年离开了隗嚣，跟窦融在一起。后来汉光武帝知道他有学问，请他整理历史。他写了几十篇《史记后传》，可还没完成就去世了。他留下两个儿子，大的叫班固，小的叫班超。汉明帝即位以后，就叫班固做兰台令史（汉宫藏书的地方叫“兰台”，“兰台令史”是在宫里校阅图书、治理文书的官，后来史官也叫兰台），继承他父亲的事业，编写历史。班超帮着哥哥做些抄写工作，后来也做了兰台令史。哥儿俩都像他们父亲那样，很有学问，可是性情不一样。班固的理想人物是写《史记》的司马迁，班超的理想人物是通西域的张骞。他后来听说匈奴人又联络了西域的几个国家，经常掠夺边界上的居民和牲口，气愤得再也坐不住了，对朋友们说：“大丈夫应当像张骞那样到塞外去立功，怎么能老闷在书斋里写文章呐？”他把笔杆一扔，就投军（文言叫“投笔从戎”，“从戎”就是从军）去了。

那时候，执掌兵权的是窦融的侄子窦固。他想采用汉武帝当年的办法，先去联络西域各国，斩断匈奴的右胳膊，再去对付匈奴。公元 73 年，他就派班超为使者，带着随从和礼物去结交西域各国。

班超只带着三十六个壮士就出发了。他们先到了鄯善国（鄯 shàn）。虽然鄯善王归附了匈奴，向匈奴纳税进贡，可匈奴还不满足，不断地勒索财物。鄯善王心里不高兴，可汉朝这几十年来顾不到西域这一头，他只好勉强顺从匈奴。这会儿汉朝又派使者来了，他就殷勤接待。班超住了几天，正打算再往西去，忽然觉着鄯善王态度变了，不像开初那么毕恭毕敬了，供给的酒食也不那么丰富了。班超心想，这里面准有鬼。

他跟随从的人说："鄯善王对待咱们跟几天前不一样了。你们看得出来吗？"大伙儿说："我们也觉得有点两样，可不知道为什么。"班超说："我猜一定是匈奴的使者到了。鄯善王怕得罪匈奴，才故意冷淡咱们。"话虽这么说，毕竟只是推想。

刚巧鄯善王派底下人送酒食来了。班超一见面就直截了当地问："匈奴的使者来了几天了？住在什么地方？"那个底下人听班超这么一说，还以为他早知道了，就老老实实地说："来了三天了，住的地

兰台

本为西汉宫中收藏图书秘籍之处。据《汉书·百官公卿表》："一曰中丞，在殿中兰台，掌图籍秘书。"东汉时御史中丞为御史台长官，兰台成为御史台的别称。魏、晋、南北朝时沿其制。

方离这儿才三十里地。我们的大王又是恨他们，又是怕他们，正为难着呐。”班超把那个人留在帐篷里，不让他去透露风声。他把三十六个随从全召集在一块儿，请大伙儿喝酒。

大伙儿正喝得兴高采烈，班超站起来，说：“你们跟我千辛万苦来到西域，想的就是为国立功。没想到匈奴的使者到这儿才几天，鄯善王对咱们就不怎么客气了。要是他看咱们人数少，把咱们抓起来送给匈奴，咱们连尸骨都还不了乡了。怎么办呐？”大伙儿说：“这会儿想逃也逃不了啦。是死是活，全听您的！”班超说：“没有进老虎洞的胆量，怎么逮得着虎崽子（文言作‘不入虎穴，焉得虎子’）呐？如今只有一个办法，趁着黑夜去袭击匈奴使者住的帐篷。他们不知道咱们有多少兵马，一定会慌。只要杀了匈奴使者，鄯善王一定吓破胆，还能不归顺咱们吗？大丈夫立功就在这一遭了。”大伙儿都说：“对！咱们不管死活，就这么拼一下子！”

到了半夜，班超率领三十六个壮士，偷偷地摸到匈奴使者的帐篷外边，正好赶上刮大风。班超吩咐十个壮士拿着鼓躲在帐篷后面，二十个壮士埋伏在帐篷前面，他带着六个人顺着风向放火。火一烧起来，十个人同时擂鼓呐喊，其余的人大喊大叫，杀进帐篷里去。匈奴人从梦里吓醒，当时就大乱起来。班超手起刀落，一下子砍死了三个匈奴兵。壮士们跟着班超，杀了匈奴的使者和三十多个随从。他们割下了匈奴使者的脑袋，把帐篷都烧了，剩下的匈奴兵有被烧死的，也有逃跑的。班超带着三十六个壮士回到自己营里，正好天亮。

鄯善王听到匈奴的使者给杀了，又是高兴，又是害怕。只要汉朝能帮他抵抗匈奴，他是愿意跟汉朝联合的。他亲自来到班超的帐篷里，说今后一定听从汉天子的命令。班超好言好语安慰了他一番。鄯善王为了表示真心跟汉朝和好，就叫他儿子跟着班超到洛阳去，学习汉朝的文化。

班超回到洛阳，向窦固报告了结交鄯善的经过。窦固很高兴，向汉明帝奏明了班超的功劳。班超希望派个级别高的官员到西域联络各国。汉明帝说："还有比班超更合适去的吗？就叫他去吧！"于是，他派班超再去结交于阗（tián），还叫他这次多带些人马去。班超说："于阗那地方大，路又远。宣扬威德不在人多，只要能帮助他们抵抗匈奴就成。要是出了岔子，多带几百个兵也不顶事，反倒成了累赘。我带着原来的三十六个壮士去，也就

知识驿站

班超通西域

西汉末年和新莽时期，汉朝在西域的统治逐渐减弱，匈奴乘虚而入，对西域各族人民进行残酷统治，西域各地受匈奴控制。东汉建立后，刘秀因中原初定，无心西顾，拒绝了诸国向西域派遣都护的请求。此后，西域诸国完全落入匈奴的统治之下。

班超出使西域

公元 73 年，窦固等大败北匈奴以后，进驻伊吾庐城，着手恢复与西域诸国的关系，派遣假司马（代理司马，汉官名凡为“假”者，都表示副、贰之意）。班超出使西域。班超率领三十六人先到鄯善，斩杀北匈奴使者，促使鄯善王归汉，接着又威服于阗，废疏勒王龟兹人兜题，另立疏勒人为王。班超在鄯善、于阗、疏勒的活动，使汉朝威望重新树立起来。公元 74 年，东汉政府继西汉之后重置西域都护，同时于高昌壁设立戊己校尉，加强了中央政府对西域的管辖。

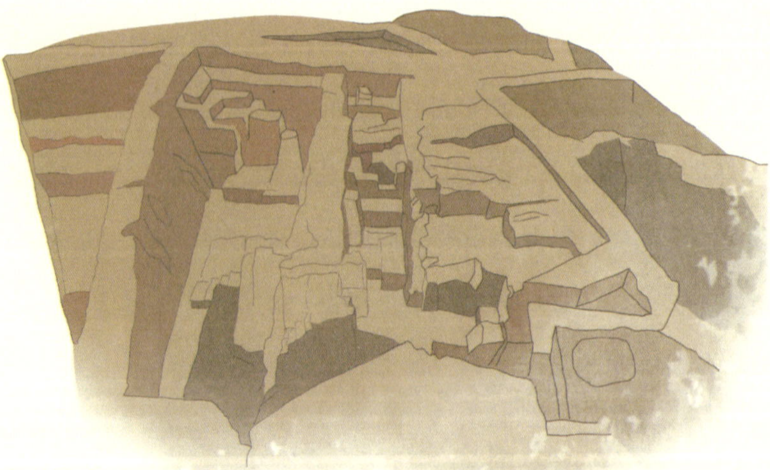

卓尔库特古城

班超留守西域

汉明帝死后，窦固率军队返回，焉耆、龟兹诸王趁机攻杀西域都护陈睦。新继位的汉章帝考虑到东汉无力长久固守此地，遂撤销都护和戊己校尉，并召班超回朝。班超在疏勒、于阗等国的挽留下，留守西域，紧密团结西域诸国，展开对北匈奴的斗争。公元 91 年，班超被任命为西域都护，驻节龟兹它乾城，后被封为定远侯。

班超之子班勇重开西域

班超在西域活动了三十年，经过他的艰苦努力，中原王朝与西域的联系得以重新恢复。他为加强当时各族人民间的经济、文化交流，维护多民族国家的统一，立下了不朽的功勋。班超离开西域后，继任的西域都护为政残苛，西域各国相继叛离，北匈奴残余势力又活跃起来，通往西域的道路又被阻断。公元 123 年，东汉派班超之子班勇为西域长史，率兵五百赴西域，联合当地诸土，消除了北匈奴残余势力，重新打开通往西域的道路。

够了。”汉明帝知道班超能随机应变，就同意了。他觉得既然到西域去宣扬威德，就叫班超多带些礼物去。

班超带着原班人马，走了好多日子，才到了于阗。于阗王早就听说班超厉害，连忙出来接见。可他那儿还住着个匈奴派来的军官呐，真叫他左右为难。他回到宫里，就把巫人请来，让巫人向大神问问吉凶：他到底是向着汉朝好，还是向着匈奴好。

那个巫人是向着匈奴的。他装模作样地作起法来，假装大神的口气对于阗王说："你为什么要跟汉朝人来往？汉朝使者骑的那匹马倒不错，赶快拿来祭我。"于阗王怎么敢违背大神的旨意呐，就派人去向班超要马。可他手下有几个人不服气，偷偷地把巫人的花招告诉了班超。班超心里有了底，就对来取马的人说："大王要我的马敬神，我怎么能不乐意呐？可不知道要的是哪一匹，请巫人自己来挑挑吧。"

取马的人回去一说，那个巫人还真的来挑马了。班超也不跟他说话，立刻拔出宝剑把巫人杀了，就提溜着巫人的脑袋去见于阗王，对他说："这个人头跟匈奴使者的人头一个样。你跟汉朝和好，两国都有好处；你要是勾结匈奴侵犯汉朝，我们的宝剑可不是吃素的。”

于阗王见了人头早就愣住了，再听班超这么一说，不由得软了半截，连连说：“愿意听汉朝天子的吩咐。”他派兵杀了匈奴的军官，把人头献给了班超，还说愿意像鄯善王那样，把儿子送到洛阳去学习。班超高兴了，这才把带来的绸缎和布匹等礼物送给于阗王和他手下的大官。

于阗和鄯善是西域的大国，他们跟汉朝有了来往，别的小国，像龟兹（Qiūcí）、疏勒，跟着也都表示和汉朝友好。班超派人去向窦固报告，窦固让班超就留在疏勒，好就近帮助西域各国抵抗匈奴，又派出军队驻扎在那里。西域和汉朝不相往来已经有六十五年了，到了这时候，才恢复了张骞当时的局面。

公元 75 年，汉明帝害病死了，太子刘炟（dá）即位，就是汉章帝。这一年，内地发生了大饥荒。有的大臣说，把军队驻扎在老远的地方，花费大，得益少，还不如撤回来。汉章帝才十八岁，没有什么主张。他听了大臣的建议，就下了一道诏书，让驻扎在西域的兵马都撤回来。

班超接到了诏书，只好准备动身。疏勒国的官员和百姓一听到这消息，都像大祸临头似的，只怕匈奴再来欺负他们。有一个疏勒的将军流着眼泪说：“汉朝扔了咱们，咱们用什么来抵挡匈奴呐！与其那时候死，不如今儿就死了吧！”说着就自杀了。班超看了，心里像刀子扎一样，可皇上叫他回去，他怎么能不依呐？

班超经过于阗的时候，于阗王和大臣们拦住了班超，抱住他的马腿不放。班超只好暂时住下来，上书给汉章帝说：西域各国受不了匈奴的欺负，把汉朝的天子当作靠山，现在天子叫我回去，他们失去了依靠，只好再去投降匈奴，再来侵犯中原。汉章帝看了班超的奏章，跟大臣们商议了一下，就收回成命，让班超留在了西域。

汉章帝做了十三年皇帝，害病死了。太子刘肇即位，就是汉和帝。汉和帝尊汉章帝的皇后窦氏（窦融的曾孙女）为皇太后。可他不是窦太后亲生的，他的母亲梁贵人还是被窦太后害死的。汉和帝即位的时候才十岁，窦太后临朝。因为儿子不是自己生的，窦太后就对皇帝不那么放心，依靠起了娘家人，让哥哥窦宪执掌大权。从汉章帝起，东汉的皇帝大多活得不长久，新即位的皇帝又多半都是小孩子。就因为这样，太后临朝，太后家执掌大权，差不多成了公式，外戚的势力从此大起来了。

外戚

亦称“外家”“戚畹”，指帝王的母亲和妻子方面的亲戚。历史上，帝王年幼时，外戚往往干政擅权，甚至有改朝篡位者，如西汉末的王莽与建立隋朝的杨坚等。

成语讲堂

投笔从戎

含　义　投：扔掉；从戎：从军。指放弃文字工作参加军队。

近义词　弃文就武

原　文　大丈夫无它志略，犹当效傅介子、张骞立功异域，以取封侯，安能久事笔砚间乎！（《后汉书·班超传》）

译　文　大丈夫没有别的志向才略，应当效仿傅介子、张骞，在异地他乡立下大功，以得到封侯的奖赏，怎么能长期地在笔、砚之间忙碌呢？

例　句　为了抵抗外侮，许多青年纷纷投笔从戎。

外戚专权

皇太后的哥哥窦宪执掌了大权，第一件大事就是把禁止私人煮盐和炼铁的法令废了。汉武帝当年费了很大的力气，把煮盐和炼铁的利益从豪门手里夺了过来。这会儿，窦宪为了得到豪门的支持，又把盐铁的利益让给了他们。这样一来，窦家的政权居然稳定了，窦宪的几个兄弟都做了大官。

汉和帝有个本家伯父叫刘畅，是汉光武帝的大哥刘缜的孙子。为了汉章帝的丧事，他到京师来吊孝，窦太后几次召他进宫交谈。窦宪怕窦太后重用刘畅，派刺客把他暗杀了。窦太后蒙在鼓里，还叫窦宪去捉拿凶手，追查主使的人。窦宪把杀人的罪推在别人身上，可有人不服气，说应当仔细调查。调查下来，主使杀人的原来就是窦宪本人。杀了皇帝的伯父，这可不是件小事儿，窦宪只怕姐姐窦太后也没法包庇他，心里挺害怕。

正好这时候，南匈奴的单于上书说北匈奴遭

盐铁制度

汉武帝迫于财政压力，同时为了打击地方豪强，增加中央政府的财政收入，令桑弘羊主持“笼盐铁”，实行盐铁专卖，将盐、铁的经营收归官府，严禁私人铸铁煮盐。在盐、铁产地设置盐官、铁官，管理盐、铁的生产与销售。唐代“安史之乱”后，财政困难，又开始实行盐专卖。此后历朝历代，都加强了盐的专卖。盐铁专卖使封建国家获得了可观的收益，特别是盐，一直是历代政府的重要财源。

了饥荒，又发生了内乱，请汉朝发兵帮他去打北匈奴。窦宪觉着这是个机会，就请窦太后让他带兵北伐，也好避过风头。窦太后自然同意，还拜他为车骑将军。这么一来，窦宪又神气起来了。

原来匈奴早已分裂成南北两部。强迫西域跟汉朝作对的是北匈奴，住在大漠以北。大漠以南的归附汉朝，叫南匈奴。这时候北匈奴已经衰落了，不能抵抗汉兵。这一回，窦宪在漠北打了个大胜仗，俘虏的和投降的匈奴兵就有二十万人。他得意得不得了，就让中护军班固写了一篇颂扬他功德的文章，高高地刻在山石上，这才下令班师还朝，回到洛阳。

窦太后于是拜窦宪为大将军，加给他两万户的封地，叫他驻扎在凉州。窦宪的三个兄弟都封了侯，加上他们的子弟、女婿、伯伯、叔叔、娘舅、外甥，还有一帮子心腹，威风得了不得。各地的刺史、郡守、县令，很多是窦家门里出来的。他们贪污勒索、贿赂公行。谁要是反对他们，谁准得倒霉。窦宪的三弟窦景，更闹得无法无天。

窦景手下有两百个骑兵，做他的卫队。这一伙人经常骑着高头大马，成群结队在街上溜达。瞧见哪个铺子有什么值钱的东西，他们拿手一指，东西

刺史

汉代中央派到地方的监察官。汉武帝刘彻为了加强中央对地方的督察和控御，创立部刺史制，即除三辅、三河、弘农七郡外，全国被分为冀州、兖州、青州、徐州、扬州、荆州、豫州、益州、凉州、幽州、并州、交趾、朔方十二部，每部设刺史一人，称部刺史或州刺史。刺史的主要职务是督察诸侯王、郡守和地方豪强。西汉时刺史对于有过错的郡国守、相，可以上奏免去职务，重者甚至可以请奏处死。

盘龙石砚

就是他们的了，压根儿用不着付钱。貌美的妇女给他们看中了，也就算他们的了，还得乖乖地送去，要不然他们就加个罪名，抓去当囚犯。洛阳城里的商人和居民一瞧见窦家的卫兵和奴仆出来，都逃的逃、关门的关门，好像见了老虎一样。向着窦家的官儿不用说了，就是不向着窦家的，也只好闭着眼睛当作没瞧见。谁要是多嘴说了几句不满的话，自己的命先保不住。这么一来，朝廷上除了司徒丁鸿、司空任隗、尚书令韩棱，差不多都是窦宪一党的。他们都把窦家作为靠山，互相勾结，准备造反，拥护窦宪做皇帝。

汉和帝这时候十四岁了。他年纪虽小，可挺有心眼儿，看出了这批人谋反的苗头。他打算把丁鸿、任隗、韩棱召进宫去，商议对付的办法。可是里里外外、上上下下，都是窦宪的“耳朵”和“眼睛”，万一走漏了消息，可不是闹着玩儿的。他看看左右，只有服侍他的宦官。他觉得中常侍郑众还忠实可靠，和他谈谈，别人也不会起疑心。这么一想，他就趁着郑众进来伺候他的时候，悄悄地问郑众怎么才能够消灭窦党。郑众出了个主意，说可以先把窦宪从凉州调回来，趁他们不防备，把他们一网打尽。汉和帝叫郑众暗地里联络了司徒丁鸿、司空任隗他们，做好了准备，接着就下了一道诏书到凉州，说南、北匈奴已经和好了，西域也通了，大将军应当回到朝廷里来辅助皇帝。

窦宪正想回到京师来，好成全大事。他接到了诏书，就带着大军回到洛阳。汉和帝派大臣到城外去迎接窦宪，还慰劳了他的将士。窦宪按规矩，把军队驻扎在城外，自己进了城。那时候天已经快黑了，他决定在家里休息一夜，第二天一早去朝见皇上。那些奉承窦宪的大官儿都连夜到将军府里去拜见窦宪。

就在这个时候，汉和帝和郑众悄悄到了北宫，吩咐丁鸿派兵关上城门。丁鸿把所有的卫兵都用上，神不知鬼不觉，分头布置停当。窦宪的女婿郭举和亲信邓叠从将军府出来，才回到家里，就像小鸡碰到老鹰似的，一个一个都给抓了起来，当夜就下了监狱。

窦宪可一点儿也没察觉。送走了客人，他安安心心睡了一觉，什么都没听见。哪儿知道，丁鸿带

着卫兵，已经把将军府围得水泄不通。天刚一亮，汉和帝的使者敲门进来，说有诏书到。窦宪慌忙起来，揉揉眼睛，趴在地上。使者宣读了诏书，免去窦宪大将军的职司，改封为冠军侯。窦宪只好交出大将军的大印。

送走了使者，他派人去探听几个兄弟的动静，才知道他们也都交还了大印。没过多少时间，他又听到郭家、邓家的人都被绑到大街上杀了。凶信接二连三，急得窦宪脑子里嗡嗡直响。可皇上的使者又到了，催他立刻离开将军府，回到自己的封邑去。他的三个兄弟窦笃、窦景、窦瓌，也都分头动身走了。

窦宪哥儿四个各自带了家小，回到了自己的封邑。汉和帝的诏令也到了，只免了窦瓌的罪，其余三个，嘱咐他们自己动手，他们都只好自杀。窦太后孤零零一个人住在宫里，过了几年也害病死了。

当年勾结窦宪的大官，有被处死的，也有自杀的。中护军班固因为写了颂扬窦宪的文章，也算窦宪一党，给下了监狱。班固已经六十多岁了，受不了折磨，就在监狱里自杀了，好多人替他可惜。

班固当初奉了汉明帝的命令，编写《汉书》。这时候，还剩下一小部分未完成，别人很难接着往

《汉书》

纪传体史书，东汉班固著，共一百二十卷，是我国第一部纪传体断代史。体例上因袭《史记》，仅改“书”为“志”，把“世家”并入“列传”。分十二纪、十志、八表、七十列传。武帝以前的纪、传、表大都采用《史记》原文。全书记西汉二百三十年的史事。在塑造人物、表现手法、语言运用等方面都取得很高成就，对后代史学、文学产生了巨大影响，因此后世以“史汉”并称。

下写。汉和帝听说班固的妹妹班昭很有才学，就把她召进宫去，叫她继续完成她哥哥的工作，续写史书。班昭是扶风人曹世叔的媳妇，早年守寡。她进宫以后，除了写史书以外，还教后宫的妃子和宫女识字念书。后宫里的人没有不尊敬她的，都叫她曹大家（大家，女子的尊称；家 gū）。

班昭的另一个哥哥就是远在西域的班超。他跟窦宪没有来往，当然牵累不着，还升了官，当了西域都护。

班昭

东汉史学家。史学家班彪之女、班固之妹。博学有才识。班固撰《汉书》，其中八表及《天文志》未成而死，班昭奉和帝命，与马续利用东观藏书续成。班昭曾入宫担任皇后及妃嫔的教师，世称“大家”。有赋颂多篇，所撰《女诫》后来成为中国古代社会的妇道规范读物。

知识驿站

史学家班固

班固是东汉著名史学家，九岁能文。光武帝建武二十三年（公元47年）前后入洛阳太学，博览群书，穷究九流百家之言。

编写《汉书》

建武三十年（公元54年），班固的父亲班彪死去，班固从太学返回家乡。守丧期间，在班彪续补《史记》之作《史记后传》的基础上开始编写《汉书》，至章帝建初年间基本完成。

整理《白虎通义》

明帝时，曾任兰台令史，与陈宗、尹敏、孟异共同撰成《世祖本纪》。班固的职位开始是非常低的。后来由于章帝喜好儒术文学，赏识班固的才能，因此多次召他入宫廷侍读。对于朝廷大事，班固也常奉命发表意见，与公卿大臣讨论，曾参加议论对西域和匈奴的政策。建初四年（公元79年），章帝效法西汉宣帝石渠阁故事，在白虎观召集当代名儒讨论五经同异，并亲自裁决。其目的是广泛动员今、古文经学派的力量，加强儒家思想在思想领域的统治地位。在这次会议上，班固以史官兼任记录，奉命把讨论结果整理成《白虎通论》，又称《白虎通义》。

死于狱中

大将军窦宪奉旨远征匈奴，班固被任命为中护军随行。窦宪大败北单于，登上燕然山，命班固撰写了著名的燕然山铭文，刻石记功而还。班固与窦宪本有世交之谊，进入窦宪幕府后，主持笔墨之事，两人关系更为亲密。永元四年（公元 92 年），窦宪在政治斗争中失败自杀，洛阳令对班固积有宿怨，借机罗织罪名，班固被捕入狱，同年死于狱中。班固还擅长作赋，撰有《两都赋》《幽通赋》等。

成语讲堂

大权旁落

含　义　原由自己掌握的权力落到别人手里。

反义词　大权独揽

近义词　授人以柄

原　文　遂使众臣争衡，大权旁落。(《宋史·高斯得传》)

译　文　（这）就使得各位大臣争强斗胜，实权落入别人手中。

例　句　这位皇帝终日沉迷在酒色之中，大权旁落了他还不知情。

天知地知

班超住在西域已经三十多年了。他听说西方还有个大国叫大秦（罗马帝国），就派助手甘英为使者，带着随从和礼物去联络大秦。甘英到了条支（古国名，在伊朗西南部布什尔港附近一带），受到当地人的欢迎。条支国是个半岛，都城造在山上，周围四十多里，西面是大海（地中海）。那地方又热又潮湿，老有狮子、犀牛等猛兽出没，走陆路很不方便，甘英打算乘船去。有个安息（在伊朗一带）船夫劝告他说："我看你还是别去了。那海大得很，行船得冒极大的风险。碰巧了，顺风顺水，也得三个月工夫；风向不凑巧，两年也到不了。我们到大秦去，船上总得准备着三年的粮食。大海茫茫，望不见边，船里的人免不了想家，要是害了病，或者遇着风浪，死的人可不少。你们东方人怎么受得了哇？"

甘英谢过了那个安息人，回来把经过报告了班超。刚巧安息的使者到了，带来了安息的狮子和条支

大秦

古国名，亦名"犁鞬（jiān）""犁靬（qián）"。因国处大海之西，又名"海西"。大秦是中国史籍对罗马帝国的称呼。当时中亚、北亚人习惯称呼中国为"秦"，因其国势强盛，文物、制度堪与中国媲美，故称之为"大秦"。公元97年，西域都护班超遣甘英出使大秦，抵条支，因畏海中风波而止。

古罗马斗兽场遗址

的大鸟作为礼物，要送给汉朝皇帝。班超这时候在西域已经三十年了，他就派他儿子班勇陪着安息国的使者上洛阳去，还趁这个机会上了一封书给汉和帝。他说：“我死在西域也无所谓，只怕以后的人因为我不得回国，不敢再出来了。我即使回不到酒泉郡，只要能活着进玉门关也心满意足了。我的儿子从小生长在西域，我能在活着的时候，让他回来看看父母之邦，就是我的造化了。”可汉和帝没给他回信。

班超的妹妹曹大家也上书给汉和帝，苦苦央告让她哥哥回来。汉和帝这才下了一道诏书，派中郎将任尚为西域都护去接替班超，召班超回朝。公元102年夏天，班超回到洛阳，不到一个月就死了，死的时候七十一岁。班超的儿子班勇也挺有志气，像他的父亲一样，为了西域的安定，跟匈奴对抗，多次打败北匈奴。

过了三年，汉和帝年纪轻轻的也死了。皇后邓氏没有儿子，就把后宫生的一个不满两周岁的婴儿立为太子。第二年正月，这个小太子即了位，就是汉殇帝（殇 shāng），他当然做不了主，只好由邓太后临朝。邓太后还挺年轻，不便老跟大臣们在一起商讨国家大事。除了她哥哥邓骘（zhì），还有谁能老到宫里去见皇太后呐？这样一来，邓骘就做了车

邓骘

年少时为大将军窦宪属吏，后因妹为和帝皇后，三迁为虎贲中郎将。延平元年（公元106年）为车骑将军、仪同三司，开仪同三司之制。殇帝死，与邓太后定策立安帝。永初元年（公元107年）率军镇压羌人起义，大败。后以贵戚身份任大将军，专断朝政，诸弟皆居显位。为政崇节俭，罢力役。鉴于外戚窦氏之倾覆，约束家人宾客，举荐名士杨震等。建光元年（公元121年）安帝亲政，受封上蔡侯，旋遭安帝乳母王圣等人陷害，徙封罗侯，宗族尽废，绝食而死。

骑将军。没想到，这一年八月里，小皇帝汉殇帝死了。邓太后和邓骘一商量，觉得清河王刘庆的儿子刘祜（hù）生得聪明伶俐，就立他为太子，太子即了位，就是汉安帝。汉安帝也不过十三岁，邓太后继续临朝。

邓太后看到过窦宪是怎样败亡的，所以她不敢专用娘家的人，还一再吩咐地方官，邓家的亲戚、子弟要是有过错，一概从严惩办。她还提倡节俭，减轻捐税。

可事情并不顺她的心，国内连年发生灾荒，老百姓穷得没饭吃，连京城里都饿死了人，又有地方爆发了农民起义。西北边境上也不安宁，匈奴和西羌都打到内地来了。原来接替班超的任尚只知道压制西域的老百姓，改变了班超当初的规矩。西域各国一个接一个地起来反抗，朝廷上的大臣也目光短浅，认为西域各国反复无常，根本没法治理，不如把兵撤回来，也好省下一大笔粮饷。邓太后听了这些意见，也就放弃了西域。这样，西域又落入匈奴手里。匈奴又联络西羌不断入侵西北边境，抢劫财物，残杀人民。

邓太后凭她一个人，怎么能管得了这么些国家大事呐？她叫邓骘推荐有名望的人到朝廷里来办事。邓骘果然推荐了一个人，就是华阴（在陕西华阴）人杨震。

杨震很有学问。他家里穷，靠教书和种菜过日子。弟子们替他种菜，他不让，说免得耽误他们的功课。他教了二十多年书，人们都说他道德高，学问好。邓骘听到了，先推荐他为“茂才”（秀才），请他当荆州刺史，后来又调他去东莱（在山东）当太守。他到东莱去上任的时候，路过昌邑（山东昌邑），在驿站里住了一宿。

昌邑县的县令王密本来是杨震推荐的。王密也许为了感谢杨震，也许为了要他提拔，就在夜里去拜见他，献上了十斤黄金。杨震对他说：“我知道您是怎么个人，您怎么不知道我呐？”王密说：“您先别说这个。我给您送点礼，您何必客气呐！反正半夜里没有人知道，您就收了吧。”杨震一本正经对他说：“天知道，地知道；你知道，我知道。你怎么能说没有人知道呐？”王密听了，臊得连耳朵根儿也红了，只好拿着黄金退了出去。

杨震做了好几年太守，仍旧是两袖清风。家里人吃的是蔬菜，走路靠两条腿。有个朋友对他说：“为了子孙后代，您多少也该置办点儿家产。”杨震笑着说：“让我的后代做个清白官吏的子孙，这份遗

秀才

秀才原是中国古代选拔官吏的科目。汉武帝改革选官制度，令地方官府考察和推举人才，命公卿、诸州每年各举荐秀才一名，意为优秀人才。东汉因避光武帝名讳，改称“茂才”。隋代开始施行科举制，设秀才科，及第者称秀才。秀才科后来被废止，秀才成为对一般读书人的泛称。

产还不够阔气吗？”

杨震到了京师，做了太仆（管车马的官），后来又升为太常（管祭祀的官）。这会儿邓骘又推举他做了司徒。大臣们都尊敬他，邓太后也特别信任他。汉安帝已经二十六岁了，朝廷上有了这么一个司徒，邓太后该可以放心了，为什么她还要自己临朝，不把大权交给皇帝呐？原来她有她的苦衷：汉安帝小时候聪明伶俐，没想到他越大越不像话，只知道吃喝玩乐，不知道上进。邓太后挺不高兴。她看到河间王的儿子刘翼人才出众，就封他为平原王。

汉安帝的奶妈王圣见邓太后喜欢刘翼，就起了疑心，只怕邓太后要改立刘翼为皇帝。她勾结了李闰和江京两个内侍，在汉安帝跟前说邓太后坏话。汉安帝挺相信他奶妈的话，对邓太后又是恨又是怕。

公元 121 年，邓太后病了，还咳了血。她辛辛苦苦地临朝十八年，死的时候才四十一岁。邓太后一死，汉安帝亲自掌了权，重用起了宦官。中常侍樊丰、刘安、陈达，还有内侍李闰、江京，奶妈王圣，一下子都参与了朝政。这一批人交了运，另一批人就倒了霉。第一个倒霉的是龙亭侯蔡伦。蔡伦也是个宦官，桂阳（在湖南郴州；郴 chēn）人。可他很有学问，喜欢研究手工艺，心灵手巧。每当休

知识驿站

蔡伦与造纸术

蔡伦是东汉宦官，在汉明帝后期入宫，历经明、章、和、安四帝，服事宫廷四十余年。蔡伦因为对改进造纸术做出了重大贡献而留名后世。

节节高升，位尊九卿

蔡伦入宫时约有15岁，他十分上进，会读书识字，于建初元年（公元76年）任小黄门。此后做黄门侍郎，掌管宫内外公事传达及引导诸王朝见、安排就座等事。汉和帝时，窦太后听政。蔡伦被提拔为中常侍，随侍幼帝左右，参与国家机密大事，秩俸二千石，地位与九卿等同。中国历史上宦官干预国政，也正由此开始。

自尽而亡

汉安帝时，蔡伦因为当初受窦太后指使，参与迫害安帝皇祖母宋贵人致死、剥夺皇位继承权，被审讯查办。蔡伦自知死罪难免，于是自尽而亡。蔡伦一生在内廷为官，先后侍奉四个皇帝，投靠两个皇后，身居列侯，位尊九卿，却以惨死告终。

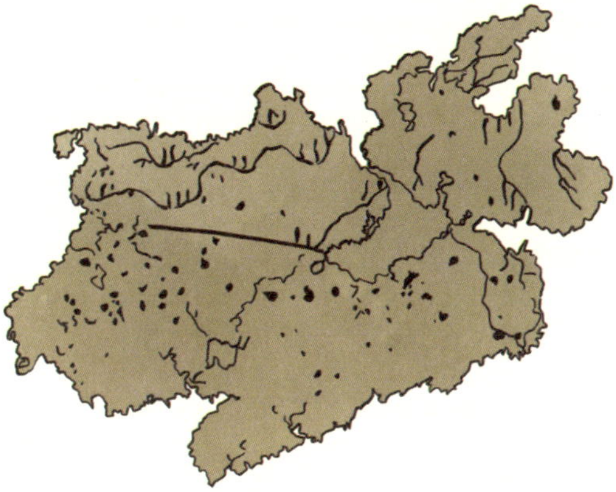

天水放马滩汉纸本地图

蔡侯纸

在东汉京师洛阳任尚方令期间，蔡伦主管监督制造宫中用的各种器物。当时，他挑选出树皮、破麻布、旧渔网等，让工匠们把它们切碎剪断，放在一个大水池中浸泡。过了一段时间后，其中的杂物烂掉了，而纤维不易腐烂，就保留了下来。他再让工匠们把浸泡过的原料捞起，放入石臼中，不停搅拌，直到它们成为浆状物，然后再用竹篾把这黏糊糊的东西挑起来，等干燥后揭下来就变成了纸。蔡伦带着工匠们反复试验，试制出既轻薄柔韧，又取材容易、来源广泛、价格低廉的纸。他改进的纸被称为“蔡侯纸”。公元8世纪，造纸术传到欧洲各国。造纸术的广泛传播，对人类文化事业的发展起到重大作用。

息的日子，别的宦官都玩去了，蔡伦不去，他把自己关在屋子里，钻研手艺，认真读书。宫里见他有这么个长处，就让他管制造机械器具的事。他就对写字的材料上了心。本来，文字不是刻在竹简上就是写在绢上。后来西汉初年，出现了一种用树皮和麻丝做的纸。可是这种纸太粗糙，不好写字。蔡伦又研究了好几年，试验了不知道多少次，末了用树皮、麻丝、破布、渔网什么的泡在水里，用石臼捣得稀烂，制成了一种又薄又细的纸。写起字来好用多了。公元 105 年，他把他制的纸献给了汉和帝。汉和帝着实称赞了一番。打这儿起，大伙儿都喜欢用蔡伦的纸，纸就渐渐用开了。蔡伦有这么大的功劳，后来邓太后封他为龙亭侯，大伙儿就把蔡伦造的那种纸称为“蔡侯纸”。

不料邓太后一死，有人向汉安帝告发，说蔡伦从前奉了窦太后的命令，参加一次暗杀行动，杀了汉安帝的祖母。汉安帝要为祖母报仇，下令把蔡伦下狱审问。蔡伦不愿意受到侮辱，就喝毒药自杀了。

汉安帝恨透了邓太后的哥哥邓骘，收了他的大将军印，逼着他自杀。邓家的子弟全受了连累。外戚邓家算是完了，新的外戚阎家得了势，宦官江京、李闰他们都封了侯。奶妈王圣和她的女儿在宫里直进直出，威风无比。汉安帝成天跟这些人胡闹，国家大事一概不管，都交给樊丰他们去办。司徒杨震好几次上书劝告，汉安帝就是不理。

樊丰他们看到杨震也碰了钉子，就谁都不怕了。他们假传诏书，调用国库里的钱，大兴土木，给自己盖起花园来。杨震自然又上书告发，樊丰就请汉安帝免去他的官职。这还不够解恨，他又在汉安帝跟前撺掇说："杨震本来是太后的心腹，邓家受了惩罚，他怎么能够不怨恨皇上呐？依我说，还不如送他回乡去吧。"汉安帝真就把杨震免了职。

杨震只好动身回到家乡华阴去，他的门生都去送他，替他抱不平。到了城西夕阳亭，他对门生们说："有生必有死，本来用不着难受。只是我受了皇恩，不能消灭奸臣，还有什么面目见人呐？我死之后，你们就用葬一般读书人的礼仪葬我，切不可铺张奢侈。"这位拿"天知地知"提醒人的人就这么自杀了。他的学生们痛哭不必说了，连过路的人听说了，也没有不流泪的。

杨震一死，汉安帝清净多了。他就带着年轻漂亮的阎皇后、国舅阎显和樊丰、江京一伙人离开洛阳，往南边游玩去了。他可没想到，这一去就不能活着回来了。

成语讲堂

天知地知

含　义　知：知道。指天、地都知道，也就是大家都知道。也指除了你我之外没有人知晓。

原　文　你须知咱名讳，尽忠心天知地知。（元·杨梓《敬德不服老》第三折）

译　文　你要知道我的名字，我为国家尽忠的心天地都知道。

例　句　这件事天知地知，你知我知，没有其他人知道。

豺狼当道

汉安帝走到半道儿，乐极生悲，害起病来，只好打消了往南边游玩的念头，赶紧回来。这位糊涂皇帝就糊里糊涂地病死在路上了。阎皇后忍不住大哭起来，阎显、江京、樊丰他们连忙向她摆手，对她说："不能哭，大臣们要是知道皇上晏驾了，立了济阴王，咱们还活得下去吗？"阎皇后只好忍着眼泪，不敢哭出声来。

原来汉安帝的后宫李氏生了个儿子叫刘保，本来已经立为太子了。阎皇后怕李氏夺她的地位，把李氏毒死了；又叫江京、樊丰诬告太子谋反。太子刘保才十岁，汉安帝听了就把他废了，改立为济阴王。如今汉安帝死在路上，阎显、江京、樊丰他们就怕大臣们知道了，又把刘保请回来当皇帝。他们就瞒着大臣，把汉安帝的死讯掩盖着，急急忙忙地回到京师，商量好另立新皇帝的计策。定了以后，这才给汉安帝发丧。阎皇后打算自己临朝，挑了个汉章帝的孙子做皇帝，她自己做了皇太后，哥哥阎显做了车骑将军，执掌了大权。阎显把那地位最高的三公（太尉、司徒、司空）都换了自己的人，又跟新的三公联合弹劾大将军耿宝，中常侍樊丰，侍中谢恽、周广和奶妈野王君王圣，说他们结党营私，大逆不道。阎太后下了一道诏书，这几个人就全完了。新上台的是阎太后和阎显的几个兄弟：阎景、阎耀、阎晏。阎家的威风就抖起来了。

谁知好景不长，才过了几个月，娃娃皇帝害了病，眼看活不成了。宦官孙程想趁着机会抓权，秘密联络了十八个中黄门（宦官的一种，负责皇帝的护卫），大家伙儿对天盟誓，决定去迎接废太子刘保。不多久，娃娃皇帝果真死了，阎太后和阎显、阎景他们还没商议停当，孙程他们突然发动起来，杀了内侍江京、刘安一伙人，当天晚上就请济阴王刘保即位，这就是汉顺帝，也才十一岁。孙程传出汉顺帝的命令，指挥全部卫队杀了卫尉阎景，逼着阎太后交出了玉玺。阎显、阎耀、阎晏都被下了监狱，又一个个都处了死刑，阎太后被软禁在离宫。没过几天，阎太后也死了。外戚专权就被止住了。

这一来，孙程他们十九个宦官风光起来，都成了有功之臣。好拍马屁的人都说他们的功劳太大

张衡

东汉科学家、文学家、思想家。十七岁时，张衡离开家乡，到长安及其附近地区考察历史古迹，调查民情风俗和社会经济情况。后来又到京师洛阳参观太学，求师访友，担任南阳太守鲍德的主簿期间写了《东京赋》和《西京赋》，一直流传到今天。张衡钻研哲学、数学、天文，积累了不少知识，在天文学上取得了卓越的成就。

了，比得上汉高祖那会儿的韩信、汉光武帝那会儿的吴汉。汉顺帝把他们都封了侯，孙程的功劳最大，封为浮阳侯，还当了都尉。一眨巴眼儿，东汉的天下就从外戚手里转到宦官的手里了。

到了公元132年，汉顺帝十八岁了，他立贵人梁氏为皇后，梁皇后的父亲梁商跟着做了大将军。外戚的势力又抬了头。有人请汉顺帝叫各地推荐有才学的读书人到京师里来，由皇上亲自考试。那次来的人果然不少，最出名的有汝南人陈蕃、颍川人李膺（yīng）、南郑人李固、南阳人张衡等等。他们参加了考试，提出了种种改进政治的办法。可政权掌握在宦官和外戚的手里，这些没职没权的读书人能发挥什么作用呐？

在这些读书人里边，南阳的张衡还是个了不起的科学家，专门研究天文和数学。他断定地球是圆的，月亮绕着地球转，借着太阳的光而发光。他还用铜制造了一个“浑天仪”，上面刻着日月星辰，靠流水来转动。坐在屋子里看着浑天仪，就可以知道什么星从东方升起来，什么星从西方落下去。

浑天仪

浑天仪是浑仪和浑象的合称。浑仪是测量天体球面坐标的一种仪器，浑象是用来演示天象的仪表。浑天仪反映了“浑天说”，即：“浑天如鸡子，天体圆如蛋丸，地如鸡中黄。”据说西汉天文学家落下闳发明、创制了浑天仪，东汉科学家张衡对其进行改进。

那时候经常发生地震。张衡就发明了一个仪器，叫“地动仪”，形状像一个大酒坛。在“酒坛”周围，按照东、南、西、北、东北、东南、西北、西南八个方向，装着八条龙，每条龙的嘴里含着一个铜球。龙嘴下面各蹲着一个张着嘴的铜蛤蟆。哪个方向发生地震，朝着那个方向的龙就吐出铜球。铜球正好落在蛤蟆嘴里，“当”的一声，就像打钟一样。只要听到声音，跑去一看，就能知道哪个方向闹了地震。

大臣们听说张衡造出地动仪，都不相信，只把它当作逗乐的玩意儿。公元 138 年春季里的一天，地动仪上朝西的那条龙吐出铜球，“当”的一声，掉到蛤蟆嘴里了。可洛阳城没有地震，也没听说附近哪儿发生了地震。大臣们议论纷纷，都说张衡的地动仪是骗人的，有的甚至说他造谣生事，应当办罪。没想到才过了几天，陇西有人来报告说，离洛阳一千多里的金城发生了大地震，连山都塌了。大伙儿这才信服了。可是朝廷里乌烟瘴气，像张衡这样真有本领的人哪儿能得到重用呐？

汉顺帝靠着宦官做了皇帝，他当然要重用宦官。浮阳侯孙程死了，宦官没有亲儿子，汉顺帝额外开恩，让孙程的养子孙寿继承爵位和封地。当初汉武帝和汉宣帝利用宦官，是因为宦官没有后代，不至于像外戚那样来威胁朝廷。现在汉顺帝开了这个例，宦官的养子也可以得到封赏，继承官位，还

地动仪

东汉天文学家张衡于公元132年发明，用精铜制成，是世界上最早的测定地震方位的仪器。地动仪利用惯性原理测得地震波的主冲方向，开创了人类使用科学仪器观测地震的历史。

有个完有个了吗？宦官的养子是要多少有多少的。这么着，汉宫里的宦官多到几百家，甚至上千家，彼此争权夺利，闹得天下乱糟糟的，没有一天安宁。大将军梁商虽然做了大将军，也叫他的儿子们好好地结交宦官曹节、曹腾他们，好保全一家的荣华富贵。不少见风使舵的官员，也争先恐后地向曹节他们献殷勤。

公元 141 年，梁商害病死了。汉顺帝让他的儿子梁冀接替他父亲做了大将军，另一个儿子梁不疑做了河南尹。别看梁冀说话结结巴巴的，他可是从小就会耍钱、玩斗鸡，长大了更是仗势欺人，什么坏事都干。这样的人做了大将军，又和曹节、曹腾那些宦官勾结在一起，就更闹得无法无天了。老百姓给逼得活不下去，纷纷起来反抗官府，专杀贪官污吏。

谏议大夫周举上书给汉顺帝说，百姓最恨贪官，要想把造反平息下去，先得把各地的地方官查一查，是贪官污吏，就该严办。汉顺帝这一回倒是听了他的话，派了八个大臣分头到各地去视察。

八个大臣中，最年轻的叫张纲。他一路走，一路想：把国家弄得这么糟的，还不是朝廷上那些大官吗？光查办地方官有什么用，惩办了那些大官，地方上的小官自然就不敢胆大妄为了。他越想越不是味儿，到了洛阳都亭，就把坐的车子毁了，把车轮埋了起来，不走了。人家问他：“您怎么啦？”他说：“豺狼当道，何必查问狐狸？”他跑回洛阳，就上书告发大将军梁冀和河南府尹梁不疑。

这个消息一传开，整个洛阳城都轰动起来了。老百姓都说张纲代他们说出了心里话。梁家的子弟和亲戚恨得咬牙切齿。他们说：“张纲这小子，看他有几个脑袋！”汉顺帝正宠着梁皇后，怎么会惩办皇后的弟兄呐？可他知道向着张纲的人也不少，只好把张纲的奏章搁在一边，只当没有这回事。出去视察的大臣报上来的，大多也牵连到梁冀和宦官，这些报告，也都像石沉大海，没有下文了。

梁冀恨透了张纲，非想个法治他一下才解气。刚巧广陵那边有公文到来，说“广陵大盗”张婴造

广陵

在今江苏扬州市西北。两汉以来为江淮地区的政治、经济中心，隋朝之后广陵所在的扬州又成为长江与运河的交汇处，因此历代都是长江下游重镇。

东汉广陵玉玺金印

反，扰乱徐州、扬州一带，手下有好几万人马，请求朝廷派人捉拿镇压。梁冀就趁这个机会，推荐张纲去当广陵太守，想让他到那儿送死。

张纲到了广陵，带着十几个随从亲自去见张婴，说自己是来惩办贪官污吏的，绝不跟老百姓为难。张婴早就听说张纲为人正直，说话算话。两个人就指天起誓，要一起除暴安良。张纲在起义军中挑选了一批有能力的人帮他办事，让其余的人回家种地。广陵一带就这么安定下来了。张纲立了大功，大臣们认为应当封赏他，可梁冀不点头也没用。张纲在广陵当了一年多太守，就病死了。

张纲去世后第二年，公元144年，汉顺帝也死了。两岁的太子刘炳即位，就是汉冲帝。不到半年，汉冲帝又死了。立谁做皇帝呐？大臣们提出两个人来：一个是清河王刘蒜，一个是勃海王刘鸿之子刘缵（zuǎn），都是汉章帝的玄孙。太尉李固劝梁冀立年长的刘蒜。梁冀和梁太后可不愿意听他的，年长的皇帝哪儿有年幼的皇帝听他们的话呐？他们就决定立八岁的刘缵为皇帝，这就是汉质帝。

知识驿站

干支纪年

干支纪年，是中国传统纪年历法，自上古以来就一直使用。干支是天干和地支的合称。把干支按顺序循环相配，正好六十组为一周期。古代用干支来表示年、月、日和时的次序，这就是“干支纪年”。

天干地支

干支纪年以每年农历正月初一进入下一年。天干有十：甲、乙、丙、丁、戊、己、庚、辛、壬、癸；地支十二：子、丑、寅、卯、辰、巳、午、未、申、酉、戌、亥。

1 甲子	2 乙丑	3 丙寅	4 丁卯	5 戊辰	6 己巳	7 庚午	8 辛未	9 壬申	10 癸酉
11 甲戌	12 乙亥	13 丙子	14 丁丑	15 戊寅	16 己卯	17 庚辰	18 辛巳	19 壬午	20 癸未
21 甲申	22 乙酉	23 丙戌	24 丁亥	25 戊子	26 己丑	27 庚寅	28 辛卯	29 壬辰	30 癸巳
31 甲午	32 乙未	33 丙申	34 丁酉	35 戊戌	36 己亥	37 庚子	38 辛丑	39 壬寅	40 癸卯
41 甲辰	42 乙巳	43 丙午	44 丁未	45 戊申	46 己酉	47 庚戌	48 辛亥	49 壬子	50 癸丑
51 甲寅	52 乙卯	53 丙辰	54 丁巳	55 戊午	56 己未	57 庚申	58 辛酉	59 壬戌	60 癸亥

如何将公元纪年换算成干支纪年

公元纪年换算成干支纪年有许多方法，这里有种较简单的换算方法。首先给每个天干、地支一个编号，以 4 开始循序排下去，天干 10 后接 1，地支 12 后接 1。

天干：甲 4、乙 5、丙 6、丁 7、戊 8、己 9、庚 10、辛 1、壬 2、癸 3

地支：子 4、丑 5、寅 6、卯 7、辰 8、巳 9、午 10、未 11、申 12、酉 1、戌 2、亥 3

以公元年的尾数在天干中找出对应该尾数的天干，再将公元纪年除以 12，用除不尽的余数在地支中查出对应该余数的地支，这样就得到了公元纪年的干支纪年。如 2003 年，其尾数为 3，对应的天干为“癸”；以 12 除 2003 得 166，余数为 11，对应的地支为未，于是 2003 年的干支纪年为癸未年。

故宫太和殿日晷

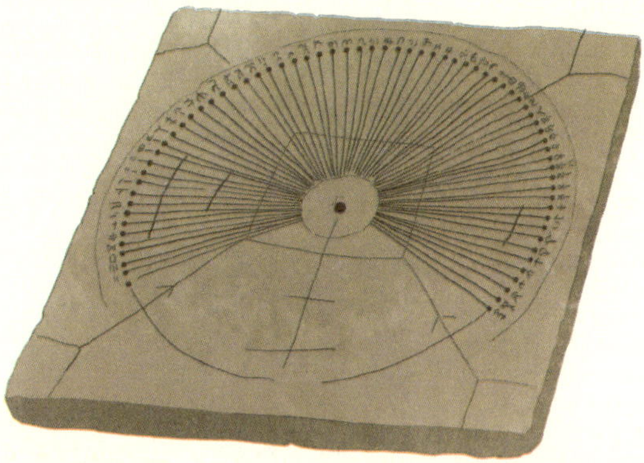

汉代石日晷

成语讲堂

豺狼当道

含　义　当道：横在道路中间。比喻坏人当权、得势。

反义词　尧天舜日

近义词　群魔乱舞

原　文　豺狼当道，安问狐狸！（汉·荀悦《汉纪·平帝纪》）

译　文　豺狼横在路中间，不去过问，怎么先查问狐狸的罪？

例　句　在那个豺狼当道的年代，受剥削的穷苦人真没什么出头之日。

宦官五侯

外戚梁家的势力倒了，汉桓帝自己有了大权。可他不想怎么把国家管好，光想着培养自己的势力，坐稳位子。于是他就把单超、左悺、徐璜、具瑗、唐衡这五个宦官，在同一天都封了侯，就是所谓“宦官五侯”。单超又对汉桓帝说，小黄门刘普、赵忠等也有功劳，应当封赏。汉桓帝慷慨得很，就又封了八个宦官为侯。朝廷上一下子好像有了点新气象，其实打这儿起，宦官专权又成了国家的一大祸害。

尚书令陈蕃还盼望着汉室中兴，他向汉桓帝推荐了五个名士：南昌人徐穉、广戚人姜肱（gōng）、平陵人韦著、汝南人袁闳（hóng）、阳翟人李昙（tán）。汉桓帝做做样子，派人分头去迎接他们。可这五个人没有一个肯来的，都宁愿留在家乡教书种地。

陈蕃还不死心，又请汉桓帝去接安阳名士魏

桓。魏桓跟徐穉他们一样，也不肯去。朋友们劝他说："就是到京师里去走一趟也好嘛。"魏桓说："读书人出去做官，总得对得起百姓，对得起国家。现在后宫里多到几千人，请问能减少吗？供玩儿的马多到一万匹，请问能减少吗？皇上左右的那一大批宦官，请问少得了吗？"大伙儿听了都叹气说："恐怕都办不到。"魏桓说："对呀！那你们干吗还要劝我去呐？要是我活着去，死了回来，对大伙儿有什么好处呐？"大伙儿这才没有话说。

名士们一个也不来，汉桓帝并不稀罕他们，他身边有一大批封了侯的宦官呐。中常侍侯览并没参与除灭梁冀的事，可他献了五千匹绢，汉桓帝也封他为侯，列在功臣里面。白马（在河南滑县）县令李云上了个奏章，批评汉桓帝不该滥封宦官。他说："这么多的宦官，没有什么了不起的功劳，都封了万户侯，这怎么能叫在边塞上的将士们服气呐？皇上乱给爵位，宠用小人，贿赂公行，不理朝政，这样下去怎么得了！"

汉桓帝看了李云的奏章，气得眼睛发直。他立刻下一道命令，把李云下了监狱，叫中常侍管霸严刑拷打。大臣杜众上书说愿意和李云一同死。汉桓帝更火了，把杜众也下了监狱。陈蕃等几个大臣联名上书，替李云和杜众求情。汉桓帝要让他们瞧瞧他才是治理天下的主子，就把陈蕃他们都革了职，传令把李云、杜众都杀了。你说他宠用宦官，他觉得还没宠用够呐，干脆把单超拜为车骑将军，叫他掌握全国的兵权。宦官的势力这就顶破了天。

单超做了车骑将军没多久就死了。其余四个宦官徐璜、具瑗、左悺、唐衡可越来越骄横。宦官的义子也能继承爵位和俸禄，这是汉顺帝开的先例。就有不少没皮没脸的人赶着宦官叫爸爸。这样，四个宦官的义子、兄弟和侄儿都做了官，有不少做了太守，做县令的那就更多了。这些大官、小官，只知道贪污勒索。老百姓受了冤屈，也没有地方可以告发。

徐璜的侄儿徐宣做了下邳令。已经死了的汝南太守李嵩，家就在下邳，他的女儿被徐宣看上了。徐宣派人到李家去，要小姑娘做他的姨太太。李家不答应，徐宣就派人把她抢了来。小姑娘宁死不依。徐宣火冒三丈，叫人把她绑在柱子上，毒打了一顿，再问她依不依。小姑娘骂他是畜生。徐宣龇着牙一笑，拿出一张弓，拣了十几支箭，一边喝酒，一边把她当作箭靶子，就这么喝一口酒，射一支箭，把小姑娘活活射死了。

知识驿站

咸阳、长安和洛阳

从秦始皇统一六国算起，咸阳作为全国的首都共十四年，发展成为全国最大的城市。秦末，项羽焚秦宫室，咸阳化为灰烬。咸阳焚毁以后，刘邦自汉中再定关中，初定都洛阳，后迁都长安。东汉建武元年，汉光武帝刘秀定都洛阳，称洛阳为东都，长安为西都。

咸阳

咸阳位于陕西关中平原中部，渭水穿南，九嵕山（嵕 zōng）亘北，山水俱阳，故称咸阳。咸阳是古丝绸之路的第一站，我国中原地区通往大西北的要冲。秦孝公十二年（公元前 350 年），秦国将国都从栎阳迁到咸阳，并实施商鞅变法。秦始皇在咸阳建立了中国历史上第一个统一的多民族的中央集权国家——秦王朝，咸阳成为秦朝政治、经济、文化中心。

几何纹地方砖

龙纹空心砖

长安

长安即今西安，位于中国内陆腹地黄河流域中部关中平原，是中华民族和东方文明的发源地之一。西安有3100多年的建城史和1100多年的国都史，先后有西周、秦、西汉、东汉、新、西晋、前赵、前秦、后秦、西魏、北周、隋、唐13个王朝在此建都。自西汉起，西安就成为中国与世界各国进行经济、文化交流和友好往来的重要城市。“丝绸之路”就是以长安为起点，西至古罗马。西安是闻名世界的历史名城，与罗马、雅典、开罗齐名，也是中国六大古都中建都历史最长的一个。

洛阳

洛阳是一座历史源远流长、文化底蕴深厚的千年古都。作为华夏文明的重要发祥地，洛阳居天下之中，处九州腹地，有5000多年文明史、4000多年城市史、1500多年建都史，先后有13个王朝在此建都，是我国建都最早、朝代最多的都城。洛阳是儒学的奠基地、道学的产生地、佛学的首传地、玄学的形成地、理学的渊源地，各类文化思想在此相融共生。

李家到处鸣冤告状，可有谁敢碰徐宣一根汗毛呐？最后告到东海相黄浮那儿。黄浮是个不怕死的硬汉，下邳又是属东海管的，他决定给李家人还个公道，就把徐宣传来当面审问。徐宣仗着他叔叔徐璜腰杆子硬，把嘴角使劲往下一拉，说："你敢把我怎么样？"黄浮吩咐手下人剥去他的衣帽，把他反绑了。徐宣嚷着说："你反了吗？你不怕死吗？你真敢碰我？"黄浮大喝一声说："推出去砍了！"徐宣这才打着哆嗦，跪在地上喊"饶命"。黄浮的手下人都慌了，拦住黄浮说："这可使不得，万万使不得！杀了徐宣，祸事不小啊！"黄浮说："今天我把这个贼子宰了，明天我就是死也甘心！"他亲自监斩，砍下了徐宣的脑袋。全城的人没有一个不痛快的。

痛快固然痛快，可是徐璜怎么能放过黄浮呐？徐璜哭哭啼啼地对汉桓帝说："黄浮受了李嵩家的贿赂，害死我的侄儿，请皇上给我做主。"汉桓帝长着耳朵，就为了听宦官的话，他马上把黄浮革职论罪。这样的冤案，在那时何止十桩八桩。

宦官为非作歹，闹得老百姓都活不下去了。那些太学生们再也忍不住，纷纷议论起朝政来。

成语讲堂

声名狼藉

含　义　声名：声望，名誉；狼藉：乱七八糟，杂乱不堪。形容名誉坏到极点。

反义词　遐迩闻名

近义词　臭名昭著

原　文　恶声狼藉，布于诸国。(《史记·蒙恬列传》)

译　文（昏君滥杀忠臣）的名声坏到极点，流传到了各个诸侯国。

例　句　小王因为盗窃入狱，变得声名狼藉。

禁锢党人

汉桓帝尝过秀才造反的滋味，听说太学生们又在议论纷纷，就顺着他们，让李膺做了司隶校尉，陈蕃做了太尉，王畅做了尚书令。这三个人都是太学生们推崇的。太学生说，李膺是天下模范，陈蕃不怕豪强，王畅也是优秀人物，都称得上是君子。

这么一议论起来，大伙儿都把当时的人物评论开了，说谁谁谁是君子，谁谁谁是小人。宦官们一听就明白，这是冲着他们来的。他们就倒打一耙：谁把他们分在小人这一伙里，他们就把谁称作“党人”。因为孔夫子说过“君子群而不党”，既然是党人，就不是君子了。不是君子是什么人呐，当然就是小人。就这么着，宦官和党人成了死对头。

李膺一当上司隶校尉，就有人告发野王（在河南沁阳）县令张朔贪污、勒索钱财，无恶不作。张朔是宦官张让的弟弟，他知道李膺的厉害，就逃到京师，躲在他哥哥张让家里。李膺听到风声，亲自带人到张让家去搜，把张朔像小鸡儿似的，从里面提溜了出来，押在监牢里。张让急忙派人去说情，没想到他弟弟的脑袋早给砍下来了。张让气得要发疯，马上到汉桓帝跟前哭诉，可张朔已经供认了自己的罪过，汉桓帝也不好难为李膺，可心里直责怪李膺不该跟宦官作对。

一波未平，一波又起。有个方士叫张成，素来结交宦官，吹牛说他能看风向，测吉凶。这一天，中常侍侯览从宫里透出消息来说，很快就要大赦。张成马上装腔作势地当着大伙儿看了看风向，就说皇上快要下诏书大赦天下了。别人不信，他就跟人家打赌，叫他儿子去杀人。李膺把这个杀人的儿子抓了起来。第二天，大赦的诏书果然下来了。张成得意扬扬地对大伙儿说："你们看我是不是未卜先知？诏书下来了，不怕司隶校尉不把我的儿子放出来。"这话传到李膺耳朵里，李膺更加火了，他说："预先知道大赦就故意去杀人，大赦也不该赦到他的身上。"他就把张成的儿子逮起来杀了。张成怎么肯罢休，去请侯览、张让他们给他报仇。侯览他们就替张成出了个主意，叫他向朝廷上书，控告李膺跟太学生和名士，说他们结成一党，诽谤朝廷，败坏风俗。他们还附上一份所谓"党人"的名单，把跟他们作对的人全列在上面。

汉桓帝本来就恨透了那些爱批评朝廷的读书人，这会儿看了控告书，就命令太尉陈蕃逮捕党人。陈蕃一看名单，上面写着的都是天下名流，他就不肯照办。汉桓帝动了气，当时就把李膺下了监狱。很快，大臣杜密、陈翔，连同名单上的两百多人，全被逮起来了。其余的人听到风声，逃的逃，躲的躲，连个影儿都没有了。有个名士叫陈寔（shí），被划在党人里头。有人劝他逃走，他叹了一口气，说：“我逃了，别人怎么办呐？我去，也可以壮壮大伙儿的胆量。”他自己来到京师，进了党人的监狱。

太尉陈蕃上了一个奏章，替党人辩护。汉桓帝就把陈蕃革了职。李膺在监狱里想了个办法，要治治这些宦官。他传出话来，说不少宦官的子弟都是他的同党。宦官们果然吓坏了，没法儿了，他们只好对汉桓帝说：“现在天时不正，应当大赦天下。”汉桓帝反正只听宦官的，就把两百多名党人都放了，可“禁锢”他们终身，就是永远不准他们做官。

就在这年冬天，汉桓帝害病死了。他在位二十一年，把国家弄得乱糟糟的，亡国的兆头已经出来了。他一死，窦皇后（汉桓帝立过三个皇后，窦皇后是第三个）慌了手脚，连忙召她父亲窦武进宫，跟几个大臣商议了一下，立河间王刘开的曾孙刘宏为皇帝，就是汉灵帝。汉灵帝也是个孩子，才十二岁，懂得什么呐？当然由窦太后临朝。窦武为大将军，他很佩服那些敢说话的党人，就让陈蕃为太尉，把李膺、杜密他们又重新请回来，参与朝政。朝廷上又气象一新了。

窦太后也挺尊重陈蕃。可她住在宫里，天天接触的还是宦官曹节、王甫他们。她经不起这些人的奉承，把他们当作了亲信，他们请求什么，她就答应什么；他们要封谁，她就封谁。陈蕃私底下对窦武说："不除掉宦官，就没法治理天下。将军得早想个办法才好。我已经快八十了，还贪图个什么呐？留在这儿，就为帮助将军给朝廷除害。"窦武完全能体会陈蕃的心思。他马上进宫，要求窦太后除了曹节他们。窦太后心软，怎么下得了这样的决心呐？她说："汉朝哪一代没有宦官？"

陈蕃真的拼老命了，他上书列举宦官侯览、曹节、王甫他们的罪恶，请太后立刻把他们杀了，免得造成祸害。接着又有别的大臣上书，都要求罢免宦官。这么打草惊蛇地干，哪有不给蛇咬的呐？宦官们一听风声不好，倒先下手了。他们吓唬汉灵帝，说窦武、陈蕃要更换皇帝，然后就拿着皇帝的节杖，说陈蕃、窦武要谋反，要把两个人都抓起来，接着逼窦太后交出玉玺，把她关在南宫。窦武忙召集手下士兵与抓他的官兵对抗，可人太少了，最后只好自杀。陈蕃决心以死相拼，带着八十几个学生，冲进皇宫，要跟宦官理论。可这有什么用呐？陈蕃当场被杀。

这一来，陈蕃和窦武两家的人和他们的亲戚、门生都遭了殃，连带被害的还有好几家。李膺、杜密他们也被削职为民，赶出了京城。

不想这些人回到家乡，名声反而更大了。读书人都把他们当作领袖，批评朝政的劲头一点儿没减。宦官们怀恨在心，更把他们当成了死对头。

山阳高平（在山东微山县西北）有一个人叫张俭。他上书告发宦官侯览。侯览就让手下人反过来告发张俭，说他和同乡二十多人结成一党，诽谤朝廷，企图谋反。曹节他们乘机让几个心腹一起上奏章，请求再一次逮捕党人，把李膺、杜密这些人都抓起来。

汉灵帝才十四岁，哪儿懂得是怎么一回事。他就问曹节："什么叫党人？为什么要抓他们？"曹节顺口就编了一通，说党人怎么怎么可怕。汉灵帝吓得缩了脖子，连忙叫他们下诏书逮捕党人。

逮捕党人的诏书一下，各地又都骚动起来。有人得到了消息，慌忙跑到李膺家里，催他赶快逃走。李膺说：“我一逃，反倒害了别人。再说我已经六十了，还逃到哪儿去呐？”他就自己进了监狱。后来，他和杜密都被害死了。他的门生和他推荐的官吏都被“禁锢”。别的党人被杀的、被禁的一共有六七百人，太学生被逮捕的，也有一千多人。

宦官镇压了这么多的党人，当然是称心如意了。可是侯览还挺不高兴，他的死对头张俭还没拿到。他请汉灵帝通令全国，一定要捉拿张俭到案。窝藏张俭的，跟张俭同样办罪。张俭不像李膺、杜密他们那样情愿自己找死，他各处躲藏，还想活命。好几家人因为收留过他遭了祸，轻则下了监狱，重则处了死刑。有一家姓孔的，也因为收留过张俭倒了霉。

那个姓孔的叫孔褒（bāo），鲁郡（在山东）人，跟张俭挺要好。张俭逃到鲁郡去投奔孔褒，刚巧他不在家。他的弟弟孔融才十六岁，自作主张把张俭留下了。张俭住了几天，不免露了风声。等到官府派人来抓，张俭已经走了。鲁郡的官吏就把孔褒、孔融哥儿俩都逮了去。孔融说：“张俭是我招待

孔融

东汉末文学家，孔子二十世孙，年少聪慧好学，《三字经》中就有“融四岁，能让梨”的描述。因得罪曹操，遭诬陷，以叛乱罪处死，并株连一家。孔融被列为“建安七子”之一，所著诗、颂、碑文、论议等二十五篇。

知识驿站

东汉外戚与宦官的交替专权

外戚又叫“外家”，就是皇帝的母族、妻族。外戚与宦官交替专权是东汉中期以后官僚政治的一大特点。

外戚专权

从汉和帝开始，东汉所有君主皆年幼继位，使得太后可以利用“垂帘听政”的方法来控制政权。太后提拔其亲戚，结果外戚掌握了政权，整个朝野上下都被外戚掌控，幼小的皇帝彻底变为有名无实的傀儡。

宦官擅政

一旦皇帝长大，不甘心受制于外戚，为了夺回大权，保障自己的地位，往往与宦官一起谋划，依靠宦官驱逐或削弱外戚的势力。在这一过程中，宦官立了大功，取得了皇帝的信任，在皇帝掌权后，宦官接替外戚控制了朝政。外戚与宦官交替专权的情况，在东汉持续了一百余年。

权力交替下的腐败

无论是外戚专权还是宦官擅政，都使政治更加腐败。外戚、宦官以及他们的党羽，都公行贿赂、搜刮财货、兼并土地。这些人聚积了无可估量的财富，便尽情过着腐朽糜烂的生活。

权力斗争

外戚、宦官交替专权，是封建统治集团的内部矛盾的尖锐表现。权力高度集中于皇帝之手，皇帝成为一切权力的化身，觊觎权力的人，都力图挟持皇帝。豪族政治势力的发展以外戚专权的形式出现，从而架空了皇权。而皇帝为了保持自己的权力，不得不求助于宦官，因而宦官能够专权。无论外戚或宦官专权，都力图控制皇帝，或拥立幼主，以便自己继续操纵朝政。他们又都趁权力在手时排除异己，大肆搜刮，竭泽而渔。

的，应当办我的罪。”孔褒说：“他是来投奔我的，应当办我的罪，跟我兄弟无关。”官吏问他们的母亲孔老太太。孔老太太说：“我是一家之主，应当办我的罪。”娘儿三个这么争着，弄得郡县没法判决，只好上书请示。诏书下来，只把孔褒定了罪。孔融愿意代哥哥受罪，因此出了名。

像张俭这么躲来躲去，有人觉得这不是个办法。陈留（在河南开封市祥符区东南）人夏馥（fù）也在党人名单中，他没有跑，他对家人说：“自己东躲西藏的，还连累别人，何苦呐？”他就把头发和胡子全都铰（jiǎo）了，到林虑山（在河南林州市西）里，更名换姓，给人家做了用人。因为天天干活儿，手和脸都变得又粗又黑，谁也看不出他是个读书人了。

成语讲堂

重蹈覆辙

含　义　蹈：踏；覆：翻；辙：车轮碾过的痕迹。又走上翻过车的老路。比喻没有吸取教训，重犯过去的错误。

反义词　前车之鉴

近义词　故态复萌

原　文　今不虑前事之失，复循覆车之轨。(《后汉书·窦武传》)

译　文　今日不记得以前的失误，就会又走上翻车的老路。

例　句　我们要从错误中吸取教训，不要重蹈覆辙。

官逼民反

公元 178 年，皇宫里有一只母鸡，鸡冠越长越高，有一天忽然打起鸣来了。母鸡变成公鸡，本来是生理上的一种变态，并不奇怪。古人不知道，把它看成不祥之兆。汉灵帝着慌了，问大臣们怎样才可以消灾免祸。议郎蔡邕（yōng）就上了一个秘密的奏章，说国家的祸害就在朝廷上，皇上应该重用君子，远离小人。他还把朝廷上谁是君子，谁是小人，都写在奏章上。

汉灵帝这时候已经长大了，懂得了一点儿道理。他看了蔡邕的奏章，着实叹息了一番。没防着曹节趁他更衣的时候，把秘密奏章偷看了一遍。这么一来，蔡邕说了些什么，全被宦官们知道了，原来那上面都是冲着他们来的。中常侍程璜立刻派人告发蔡邕，说他诽谤朝廷，谋害大臣；又在汉灵帝面前添枝加叶地说蔡邕大逆不道，应当处死。汉灵帝最后还是听了宦官的，把蔡邕下了监狱，定了死罪。

想不到宦官当中也有个替蔡邕抱不平的人，名字叫吕强。他尽力在汉灵帝面前替蔡邕说情作保。汉灵帝这才叫吕强传出命令，免了蔡邕的死罪，罚他和他全家充军到朔方（在内蒙古杭锦旗北）去。

汉朝经过这么几代外戚和宦官的胡乱折腾，国库里的钱早就花得差不多了。汉灵帝只知道吃喝玩乐，可钱从哪儿来呢？宦官们就给汉灵帝出了个主意，开一个挺特别的“铺子”，让有钱的人来买官职和爵位：四百石的官职定价四百万钱，两千石的官职定价两千万钱，没有钱的也可以买官做，等他上任之后再加倍付款。买官做的人图个什么呐？还不是到了任上去搜刮民脂民膏。本来就连年灾荒，粮食歉收，这么一来，老百姓更苦了。实在没法子活下去，各地农民就造起反来了。

最先起义的是会稽人许生，他在句章（在浙江余姚）举兵，没有几天工夫，参加的贫苦农民就有一万多人。他们攻破县城，杀了官吏，打退了前来围剿的官兵，许生就自称为“阳明皇帝”。这支农民军后来被镇压了下去，许生也被官兵杀了。

过了不久，巨鹿郡（在河北南部）张家三兄弟又领着老百姓起来造反。这弟兄三个叫张角、张

石（dàn）

市石的简称。在秦汉时期，石作为容量或容积单位，与斛并用。宋朝改革容量制，规定10斗为1石，5斗为1斛，沿用到近代。20世纪50年代以后，谷物改用质量单位计量。

高奴铜禾石权

宝、张梁，都挺有本领。张角曾读过书，懂得医道，给人治病挺有效，给穷人看病还不要钱。他看到农民们都盼望能安心生产、过太平日子，就创立了一个教门，叫“太平道”，还收了一些弟子，跟他一块儿传教、治病。每逢发生瘟疫，张角把药煎好，配成现成的药水，盛在瓶子里，随时给人治病。他叫病人跪在坛前，自己念了符咒，再给病人喝药水，救活了不少人。这样一来，张角就出了名，远远近近来求医的，每天总有一百多人。张角就自称为“太平道人”。人们可都尊他为“太平真人”。咱们中国的道教起源在后汉，张角的太平道算是其中的一支。还有一支叫“五斗米道”，创立的人是张道陵，人称“张天师”。

相信太平道的人越来越多。张角就派他的兄弟和弟子周游四方，一面治病，一面传道。大约过了十年光景，太平道传遍青州、徐州、幽州、冀州、荆州、扬州、兖州、豫州，教徒发展到几十万。这八个州的老百姓不论信不信，没有不知道“太平真人”的。各地的官吏也认为太平道是劝人为善、给人治病的教门，就没把张角他们放在心里。张角看着时机成熟了，就暗地里发动道徒们起来反抗朝廷。他用四句话作为暗号，就是“苍天已死，黄天

黄巾起义

中国历史上规模最大的一次利用宗教形式组织的农民大起义。因起义军头裹黄巾为标志，故名“黄巾军”。黄巾军虽然给朝廷带来重大打击，但因双方力量悬殊，还是以失败告终。

当立；岁在甲子，天下大吉”。“苍天”就是指汉朝，“黄天”指太平道。他们约定在甲子年（公元 184 年）一块儿起义，到那时候就“天下大吉”了。

张角让他的弟子们秘密地到各地，用白土写上“甲子”两个字，大街小巷、住家店铺都写上了，连京城的城门上都写有这两个字。可就在这紧要的时候，张角的弟子马元义的助手唐周，出卖了要起义的弟兄，上书向朝廷告密了。马元义没防着这一手，就被逮了起来。他受了各种残酷的刑罚，最终没服软，还拒绝了高官厚禄的诱降。最后，这位不屈服的好汉被杀害了，同时被杀的有一千多人。汉灵帝得到报告，急忙下令捉拿张角兄弟。

到这时候，张角只好通知各地提前起义。他自称为“天公将军”，张宝为“地公将军”，张梁为“人公将军”。没多少天的工夫，全国就有几十万农民起义了。他们头上都裹着黄巾当作标记，起义军就叫“黄巾军”。

黄巾军一齐攻打各地郡县，火烧官府，没收官家的财物，开仓放粮。各地的郡守、刺史急得连忙向汉灵帝告急。汉灵帝也是没辙，急得坐也不是，站也不是。他连忙让国舅何进做大将军，保卫京帅；又派大臣卢植和皇甫嵩、朱儁（jùn）各带兵

知识驿站

东汉儒学的发展

从汉武帝时起，儒家经典成为官方规定的教科书，儒家学说成为政府选拔人才、任官授爵的标准。此后，儒学成为国家正统学派，儒家思想成为历代统治者推崇的正统思想，逐渐发展为中国传统文化的主流。

太学、郡学与私学

西汉时期，汉武帝接受董仲舒的建议，在都城兴办太学，并且下令在各郡县设立学校，初步建立了地方教育系统，大大提高了儒学的地位。东汉太学建立之初就规模颇大，学习人数空前，直至东汉末期，太学生经常维持在3万人左右。除了太学兴盛，东汉地方上的郡学和私学也很发达，班固在《东都赋》中如此描述："四海之内，学校如林。"东汉教育从上至下的繁荣对东汉儒家经学的发展产生了巨大的推动力量。

儒家典籍——“熹平石经”

东汉末期，汉灵帝试图用文化的力量来收揽天下人心，于是下令校订儒家典籍，并将这些典籍刻成石碑，立于太学门前。这四十六块碑一共花了八年时间才全部镌刻完成，被统称为“熹平石经”，它是儒家经典最早的官方范本。镌刻完成后，全国各地的人都前来参观拓印，甚至还一度造成洛阳城交通堵塞。“熹平石经”是汉文明正统的代表，在历史上起到了传承文化和统一思想的作用。

白虎观会议与《白虎通义》

东汉儒学继承了西汉留下的丰厚遗产，儒家经学日益繁荣。但是随着儒生的急剧增加，经学流派的增多，使得儒学内部分歧日益严重，整个王朝面临意识形态的危机，学术整合已是迫在眉睫。公元79年，汉章帝接受杨终的建议，亲自主持白虎观会议，“讲议五经同异”。白虎观会议是官方主导下对国家意识形态和社会价值体系的一次整合，由班固根据会议内容整理形成的经典《白虎通义》，是钦定的官方思想文化的总纲领，民间儒学至此也基本被官方接纳、吸取。

马，分两路去攻打黄巾军。何进还请汉灵帝下令，要各州郡加紧防备，对付黄巾军。这么一来，各地的郡守、刺史和地主豪强都趁着打黄巾军的机会，招兵买马，扩大自己的地盘和势力。要是碰巧打败了黄巾军，还可以升官发财、封王封侯呐！到了这个时候，他们都拼命来打黄巾军了。

黄巾军一上来气势很猛，接连打下了好些郡县，杀了许多贪官污吏。可后来各地的官兵都打过来了，黄巾军的粮草武器到底不如官兵，准备又不足，慢慢地退了下来。没想到这时候，“天公将军”张角因为劳累过度，病倒了。到八月十五日这一天，他知道自己不行了，就对站在眼前的弟弟张梁和其他几个弟子说：“苍天是死了，可狼还活着。”过了一会儿，他又提高了嗓门儿叫着：“苍天已死，黄巾不灭；万众一心，天下大吉！”说完，这位为民除治百病、希望天下大吉的贤师良医就死去了。

张角一死，黄巾军失去了主心骨。接着张宝、张梁也都死在战场上，这支农民起义军最后还是被镇压下去了。可从这以后，天下已经被那地主豪强们闹得四分五裂，后来就形成了割据的局面。到了公元 220 年，东汉亡于魏。魏、蜀、吴各有皇帝，各立朝廷，正式分成了三国。

三国

自魏文帝曹丕代汉（公元 220 年）至晋武帝司马炎灭吴（公元 280 年）的六十一年间，魏、蜀、吴三国鼎立的历史时期，史称三国时期。通常也把东汉末年的军阀混战时期和赤壁之战后魏、蜀、吴建国前的历史划入三国时期。

成语讲堂

官逼民反

含　义　逼：迫使。官府压迫百姓的行为，引起老百姓起来反抗。

反义词　逆来顺受

近义词　逼上梁山

原　文　广西事情一半亦是官逼民反。正经说起来，三天亦说不完。（清·李宝嘉《官场现形记》第二八回）

译　文　广西的事情一半也是当官的压迫人民，迫使人民起来反抗。正式地说起来，三天也说不完。

例　句　中国几千年的封建王朝兴衰史说明一个道理，那就是官逼民反，民不得不反。